W0385130

Mein Pferd – Haltung und Pflege

Mein Pferd – Haltung und Pflege

Debby Sly

Übersetzt aus dem Englischen von Wiebke Krabbe

Die englische Originalausgabe herausgegeben von

studio cactus

13 SOUTHGATE STREET WINCHESTER HAMPSHIRE SO23 9DZ
TEL 01962 878600 FAX 01962 859278
E-MAIL MAIL@STUDIOCACTUS.CO.UK WEBSITE WWW.STUDIOCACTUS.CO.UK

Copyright © 2004 studiocactus ltd
Text Copyright © Debby Sly

Alle Rechte, auch die des auszugsweisen Nachdrucks, der fotomechanischen Wiedergabe und der Übersetzung, sind vorbehalten.

ISBN 3-8212-2923-3
Verantwortlich für diese Ausgabe:
© XENOS Verlagsgesellschaft mbH
Am Hehsel 40, 22339 Hamburg
Übersetzung a. d. Engl.: Wiebke Krabbe
Fachlektorat: Iris Bader
Satz: Olaf Hille, Hamburg

Printed in Italy

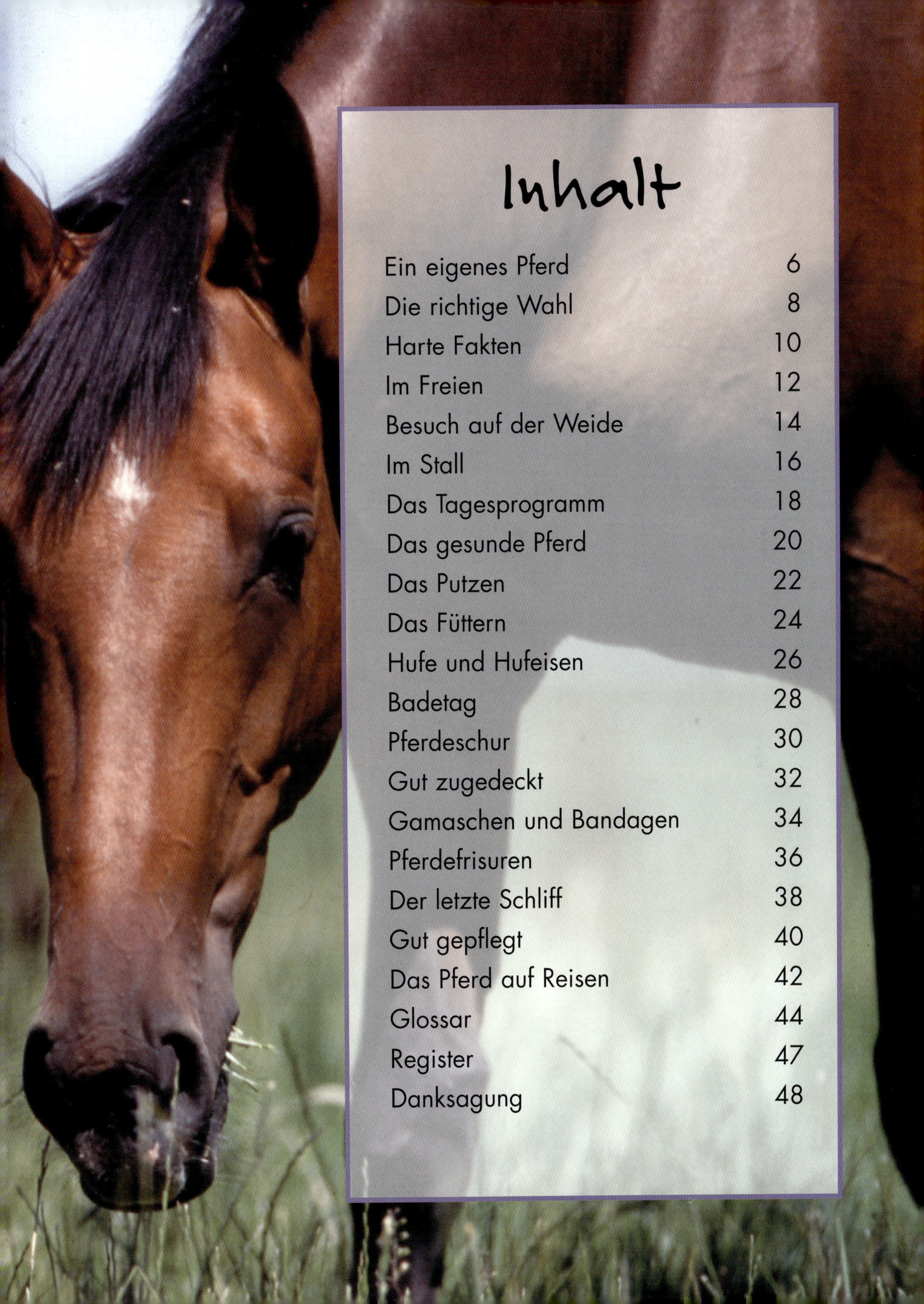

Inhalt

Ein eigenes Pferd

Ein eigenes Pferd – das ist für viele begeisterte Reiter ein Traum. Reitstunden sind schön und gut, auch ein Pflegepferd macht Freude, aber es geht nichts über das Vergnügen, ein eigenes Pferd zu besitzen. Ein Pferd ist ein toller Freund, mit dem man viel unternehmen kann: ausreiten, springen, an Turnieren teilnehmen oder einfach die Freizeit verbringen.

▲ Gepflegte Ausrüstung

Es macht Spaß, die Ausrüstung auszusuchen. Und wenn man alles gut in Ordnung hält, kann man sich auch voller Stolz mit seinem Pferd zeigen.

◀ Gute Freunde

Gerade durch die Pflege und Versorgung eines Pferdes entsteht eine ganz besondere Beziehung – und sie macht den Unterschied zwischen dem eigenen Pferd und dem Reiten auf einem Pferd aus, das jemand anderem gehört. Du wirst dein Pferd bald so gut kennen lernen wie dich selbst. Dann erkennst du sofort, ob es sich wohl fühlt oder vielleicht nervös oder beunruhigt ist. Du findest etwas über sein Wesen heraus und erfährst, ob es eher ein Einzelgänger oder ein geselliges Tier ist, ob es nervös oder ruhig ist.

✦ ACHTUNG! ✦

Auch wenn du mit deinem Pferd eine enge Freundschaft schließt, darfst du niemals vergessen, dass es ein sehr starkes Tier ist. Es mag sehr klug und sanft sein, aber sein Verhalten ist nie völlig berechenbar. Achte darum immer auf deine Sicherheit.

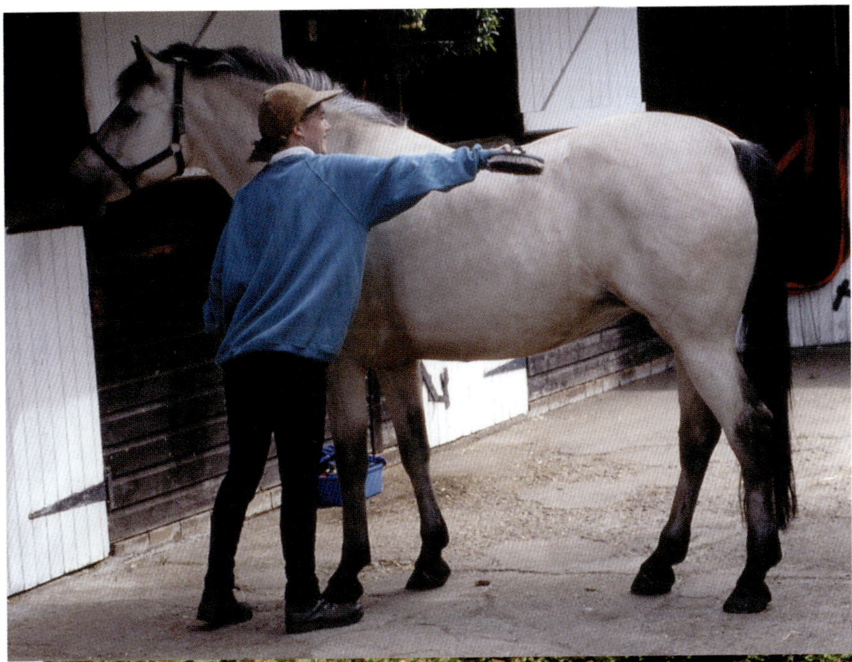

◀ Das Putzen

Das Putzen hat verschiedene Zwecke. Es hält Fell und Haut des Pferdes sauber und gesund, kann dich und dein Pferd enger miteinander verbinden und ist eine gute Gelegenheit, den Pferdekörper behutsam zu untersuchen. Vielleicht hat das Pferd Schrammen, vielleicht auch Druckstellen von Gamaschen oder Zaumzeug. Möglicherweise sind seine Muskeln verspannt oder ein Körperteil ist besonders empfindlich.

▼ Vorzeigbar

Achte immer auf das Aussehen deines Pferdes und seiner Ausrüstung – und auf dein eigenes. Nimm dir vor allem vor Turnieren Zeit, alles auf Hochglanz zu polieren: Ein bisschen Selbstbewusstsein kann nicht schaden.

◀ Sieger-Team

Wenn du mit deinem Pferd gut vertraut bist, kannst du alles, was ihr gemeinsam gelernt habt, bei Turnieren und Prüfungen unter Beweis stellen. Sei aber nicht zu ehrgeizig. Fang klein an und finde heraus, was ihr beide leisten könnt.

Expertentipp

Ohne gute Vorbereitung von dir und deinem Pferd kommst du nicht zum Erfolg. Nimm dir dafür ausreichend Zeit. Lies nach, welche Anforderungen beim Turnier gestellt werden, und übe die einzelnen Prüfungen. Scheue dich nicht, um Rat oder Hilfe zu bitten. Nutze jede Gelegenheit zum Üben – ob in den Reitstunden oder während eines Ausritts. Aber setze dich nicht zu stark unter Druck.

Die richtige Wahl

Du bekommst ein eigenes Pferd? Dann pass gut auf, dass du nicht vor lauter Aufregung das falsche kaufst. Sei geduldig. Es stehen immer viele Pferde zum Verkauf. Hast du ein Tier entdeckt, das dir gut gefällt, sei nicht traurig, wenn dir jemand zuvorkommt. Du wirst bestimmt ein anderes finden, das dir genauso gut gefällt.

Expertentipp

Am allerbesten ist es, ein Pferd zu kaufen, das du schon kennst – im Idealfall von jemandem, dem du vertrauen kannst. Ehe du ein Pferd kaufst, sollte es UNBEDINGT von einem Tierarzt untersucht werden. Fast alle Pferde haben kleine Verletzungen oder Schäden, doch ein Tierarzt kann beurteilen, wie gut sich das Pferd für deine Zwecke eignet.

Turnierpferd ▶

Temperament und Charakter des Pferdes müssen zu dir passen. Wenn du nur gemütlich ausreiten möchtest, ist ein feuriges Pferd, das es immer eilig hat, die falsche Wahl. Hast du dagegen den Ehrgeiz, an Turnieren teilzunehmen – und die Ausdauer zum nötigen Training - brauchst du ein leistungsfähigeres Pferd. Achte auch darauf, wie sich das Pferd allgemein verhält, denn du wirst weniger Zeit mit dem Reiten verbringen als mit seiner Versorgung und Pflege.

▼ Das richtige Pferd für dich

Ein Pferd kostet viel Geld. Und wenn du eins anschaffst, das nicht gut für dich geeignet ist, besteht die Gefahr, dass du dich vielleicht vor dem großen, starken Tier fürchtest. Denke lange, genau und vor allem ehrlich über dein Alltagsleben, deine Reitkünste und deine Ziele nach. Wie viel Zeit kannst du dem Pferd widmen? Wenn du nicht regelmäßig reiten kannst, solltest du ein älteres, schon ausgebildetes Pferd kaufen. Mit einem jungen Pferd sollte man jeden Tag arbeiten, denn es muss noch sehr viel lernen. Außerdem muss das Pferd die richtige Größe haben, damit du bequem darauf reiten kannst und auch zum Aufzäumen und Putzen keine Leiter brauchst.

Bist du ganz sicher?

Ein eigenes Pferd zu besitzen ist eine große Verantwortung. Mindestens zweimal täglich – JEDEN TAG – muss jemand nach ihm sehen. Es braucht Futter, Wasser, frische Streu und eine gute Weide mit einem sicheren Zaun. Es muss regelmäßig geputzt und bewegt werden, außerdem sind regelmäßige Besuche des Tierarztes nötig, etwa zum Abraspeln von Zahnhaken, für Impfungen und Wurmkuren. Die meisten Pferde mögen gern geritten werden und genießen die Versorgung durch ihren Reiter – je regelmäßiger, desto lieber.
Wenn du verreist, musst du dafür sorgen, dass sich jemand anders um das Pferd kümmert. Und wenn du einmal krank oder verletzt bist, darfst du die Pflege und Versorgung nicht vernachlässigen, auch wenn du nicht reiten kannst.
Du siehst: Ein eigenes Pferd macht viel Arbeit – doch die Mühe lohnt sich.

Große Auswahl

Pferde und Ponys gibt es in allen Formen, Farben und Größen. Vielleicht träumst du von einer Isabelle oder einem Grauschimmel. Wenn du lange genug suchst, wirst du das Richtige finden. Es kann aber auch sein, dass dir eines Tages ein Pferd begegnet, das absolut perfekt ist – und ganz anders aussieht als dein Traumpferd. Je nach Rasse und Typ gibt es erhebliche Unterschiede in Temperament und Wesen, darum solltest du dich näher mit den Vorzügen und Nachteilen der einzelnen Rassen beschäftigen, um dir die Wahl zu erleichtern. Ponys eignen sich gut für junge Anfänger. Warmblüter und Vollblüter sind ausgezeichnete Turnierpferde, während sich Araber vor allem durch ihre Ausdauer auszeichnen, aber die feste Hand eines erfahrenen Reiters brauchen.

Robustes Haflinger-Pony

Holländisches Warmblut

Araber

Harte Fakten

Es hat viele Vorteile, ein eigenes Pferd zu besitzen. Der große Nachteil besteht jedoch darin, dass Anschaffung und Versorgung eines Pferdes sehr teuer sind. Für den Anfang reicht eine Grundausstattung aus, man kann später immer noch Teile zukaufen. Viel preiswerter ist eine gut erhaltene, gebrauchte Ausstattung.

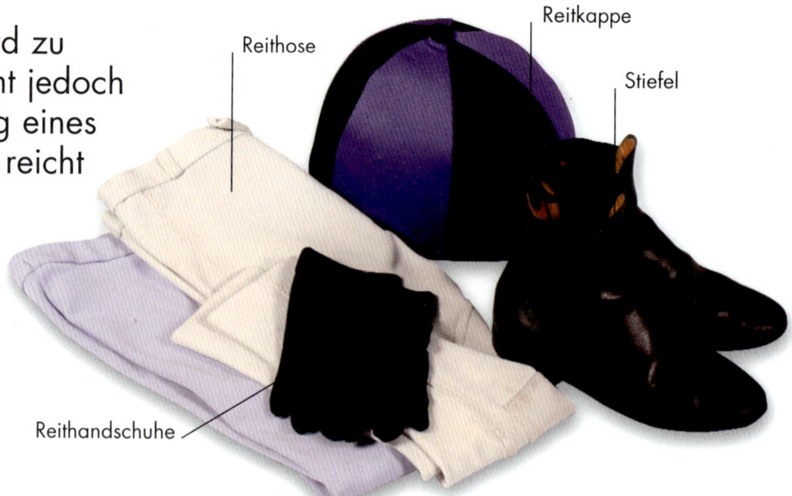

Das braucht der Reiter

Die Grundausstattung besteht aus einer modernen Sicherheits-Reitkappe, stabilen Reitstiefeln, einer Reithose und einem Paar Reithandschuhe. Zu kurzen Reitstiefeln sind Reitletten sinnvoll, die verhindern, dass die Steigbügelriemen an den Beinen reiben. Auch über eine Sicherheitsweste solltest du nachdenken. Für Turniere braucht man spezielle Kleidung, etwa eine helle Reithose und ein dunkles Turniersakko.

Das braucht das Pferd

Noch ehe es ans Aufzäumen geht, brauchst du ein Stallhalfter, eine Longe und Putzzeug. Zum alltäglichen Reiten benötigst du außerdem Sattel und Zaumzeug (samt Gebiss und Zügeln), Satteldecke oder Sattelpad, Sattelgurt und Vorderzeug. Reservezügel sind praktisch, weil Zügel manchmal im falschen Moment reißen können. Wahrscheinlich braucht dein Pferd auch verschiedene Gebisse, weil sich mit Fortschreiten der Ausbildung seine Bewegungsweise ändern kann.

▲ Reitunterricht

Reitstunden bei einem Lehrer, dem du vertraust, helfen dir und deinem Pferd, rasch Fortschritte zu machen. Für spezielle Reitsportrichtungen brauchst du vielleicht später besondere Reitstunden.

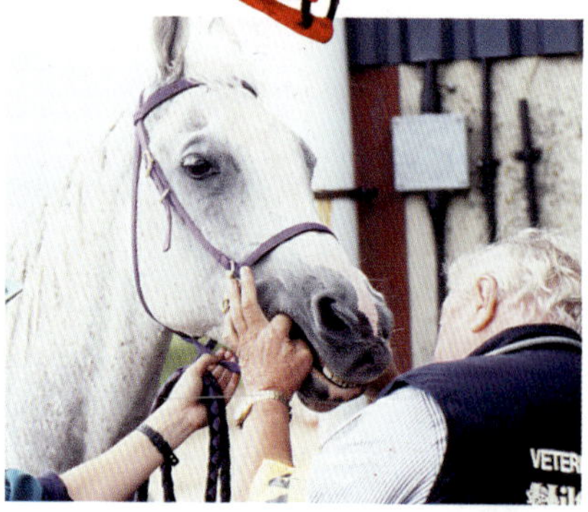

▲ Zähne und Impfungen

Zur normalen tierärztlichen Versorgung gehört das Abraspeln von Zahnhaken zweimal im Jahr. Außerdem brauchen Pferde Tetanus-Impfungen, Impfungen gegen Virus- oder Pferdehusten und Wurmkuren.

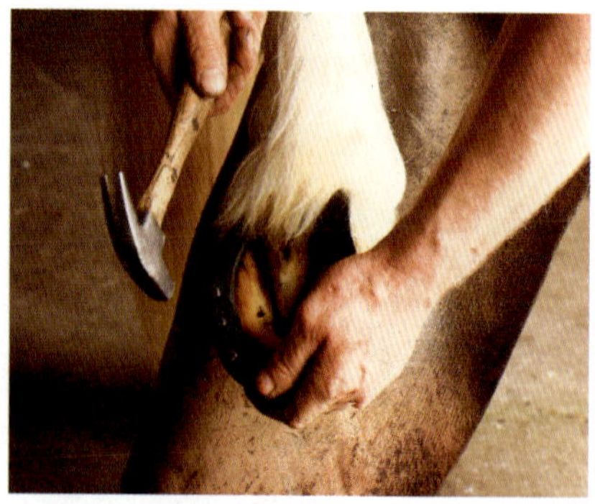

▲ Hufeisen

Je nach Wachstum und Abnutzung der Hufe braucht ein Pferd alle vier bis sechs Wochen neue Hufeisen. Manche Pferde kommen auch mit Hufschuhen gut zurecht, trotzdem müssen die Hufe gepflegt werden.

Futter

Der Futterbedarf hängt davon ab, ob dein Pferd überwiegend im Stall oder auf der Weide lebt. Viele Pferde grasen im Sommer, brauchen im Winter aber ein Zusatzfutter. Reine Stallpferde dagegen benötigen Heu, Getreide und Trockenfutter (Kraftfutter). Manche Pferde brauchen zusätzliche Ergänzungsstoffe.

Decken, Gamaschen, Bandagen

Hier ist die Auswahl riesig. Ein Stallpferd braucht eine oder zwei Stalldecken verschiedener Dicke, dazu eine Outdoor-Decke, wenn es gelegentlich auf die Weide darf. Ein Pferd, das draußen lebt, braucht im Winter gute Outdoor-Decken zum Schutz vor Nässe und Kälte. Auch einige Garnituren Gamaschen und Bandagen für den Stall, den Transport und zum Reiten sind sinnvoll.

Diese Kosten fallen an

Anschaffung

- Kaufpreis des Pferdes. Setze eine Obergrenze fest und halte sie ein.
- Tierärztliche Untersuchung vor dem Kauf. Dieses Geld ist gut angelegt, weil du dadurch vermeidest, ein Tier mit Gesundheitsproblemen zu kaufen.
- Transportkosten. Die Kosten für den Transport zum neuen Stall trägt normalerweise der Käufer.
- Grundausstattung. Sattel, Zaumzeug, Putzzeug, Satteldecken und Gamaschen oder Bandagen.

Laufende Kosten

- Stallgebühren, wenn du keinen eigenen Stall mit Weide hast.
- Futter – Heu und Kraftfutter
- Hufeisen – alle vier bis sechs Wochen
- Tierärztliche Routinebehandlungen wie Wurmkuren, Abraspeln der Zahnhaken, Impfungen
- Zusätzliche Ausstattung. Pferdedecken für verschiedene Wetterverhältnisse und für den Stall, Ausrüstung für besondere Reitsportarten, Transportzubehör (wenn das Pferd z.B. zu Turnieren transportiert werden soll) usw.

Unvorhersehbare Kosten

- Krankheiten und Verletzungen – genau wie Menschen können auch Pferde Unfälle haben, sich verletzen oder krank werden. Eine schwere Kolik oder eine größere Verletzung kann erhebliche Tierarztkosten verursachen. Wer keine Versicherung für solche Fälle abschließen möchte, sollte zur Sicherheit eine Geldreserve auf die Seite legen.
- Größerer Ehrgeiz. Wenn du ernsthaft reitest und regelmäßig an Turnieren teilnimmst, fallen Kosten für spezielle Ausrüstung, Turnierkleidung, Reitunterricht, Transport und Startgebühren an. Es kann auch sein, dass du eines Tages ein talentierteres Pferd brauchst – oder vielleicht sogar zwei Pferde.

Im Freien

Pferde und Ponys können entweder überwiegend auf einer Weide stehen oder im Stall leben und täglich auf die Weide geführt werden. Welche Lösung du wählst, hängt von den örtlichen Möglichkeiten, aber auch vom Typ des Pferdes ab.
Die edleren Pferderassen sollten besser nicht ständig im Freien bleiben, weil Haut und Fell sie nicht ausreichend vor Nässe und Kälte schützen. Selbst mit einer wetterfesten Decke bekommt so ein Pferd bald kalte, feuchte Beine und fühlt sich unwohl. Du musst also entweder ein Pferd wählen, das mit den vorhandenen Gegebenheiten zurechtkommt – oder du musst die Gegebenheiten verändern, damit dein Wunschpferd sich wohl fühlt.

Wasser ▶

Die beste Wahl sind automatische Tränken. Einen Eimer kann das Pferd umwerfen – dann hat es nichts zu trinken, bis jemand das Missgeschick bemerkt. Bei kaltem Wetter muss regelmäßig kontrolliert werden, ob die Wasserversorgung nicht eingefroren ist. Die Rohre, die zum Trog führen, können einfrieren – dann muss man zusätzlich Wasser in Eimern bereitstellen.

◀ Gras

Eine Weide braucht etwas Pflege, damit sie dem Pferd ausreichend nährstoffreiches Gras liefert. Sie sollte gelegentlich gewalzt werden, um Unebenheiten auszugleichen, die bei nassem Wetter entstanden sind. Im Winter muss das Pferd zusätzlich Heu und meist auch Trockenfutter bekommen. Im Frühling und Sommer musst du daran denken, dass das frische Gras Beschwerden wie Hufrehe und Übergewicht verursachen kann. Zäune lieber einen Bereich ab, damit das Pferd nicht zu viel frisst.

▲ Schutz

Hohe, dichte Hecken und stattliche Bäume bilden einen guten natürlichen Schutz für das Pferd. Wo sie fehlen, muss man einen einfachen Unterstand errichten.

Besuch auf der Weide

Ein Pferd im Freien braucht fast genauso viel Aufmerksamkeit und Pflege wie ein Pferd im Stall. Draußen bestimmen unter anderem die Wetterverhältnisse, was zu tun ist. Man muss außerdem bedenken, dass Pferde auf der Weide mehr Bewegungsfreiheit haben und dadurch beim Laufen mehr Tempo gewinnen – was die Gefahr von Unfällen und Verletzungen erhöht. Mindestens zweimal täglich muss jemand nach dem Pferd sehen. Ein schneller Blick im Vorbeigehen reicht nicht aus. Dabei übersieht man zu leicht ein Loch im Zaun, durch das es entwischen könnte, oder eine leere Flasche, die jemand achtlos hingeworfen hat und die zu Verletzungen führen kann.

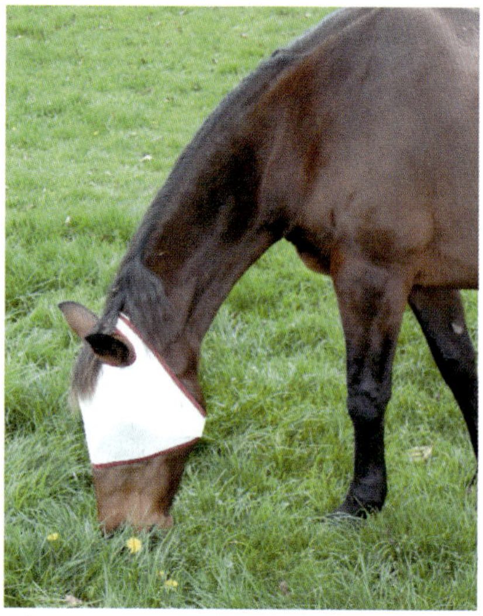

▲ Fliegenschutz

An heißen Tagen kann eine Insektenmaske für das Gesicht angenehm für das Pferd sein. Außerdem sollte es mit einem Mittel eingesprüht werden, das Insekten vertreibt.

Nimm dir einige Minuten Zeit, um das Pferd auf der Weide zu beobachten. Achte vor allem auf ungewöhnliches Verhalten. Hast du dich überzeugt, dass es ihm gut geht, kannst du ihm sein Halfter anlegen.

▲ Das Saubermachen

Der Pferdemist muss regelmäßig von der Weide beseitigt werden, sonst besteht die Gefahr einer Wurminfektion. Außerdem sieht er unappetitlich aus und lässt das Gras gelb werden. Um diese Arbeit solltest du dich nicht drücken. Geh am besten mit Schaufel und Schubkarre ans Werk.

Giftige Pflanzen

Halte die Augen nach giftigen Pflanzen in der Umgebung auf, deren Samen der Wind auf die Wiese wehen kann. Kreuzkraut ist eine hohe Pflanze mit gelben Blüten, die bei Pferden lebensgefährliche Vergiftungen verursachen kann. Nach dem Welken und Trocknen ist sie noch gefährlicher, darum muss sie unbedingt vollständig beseitigt werden. Auch Fingerhut, Lebensbaum und Tollkirsche sind giftig. Einige Gartenbäume und -sträucher sind ebenfalls giftig für Pferde, darunter Eibe, Lorbeer, Rhododendron, Goldregen, Buchsbaum und Liguster. Sogar größere Mengen Farnkraut oder Eicheln können Vergiftungen verursachen. In jeder Region gibt es besondere Pflanzen, unter denen sich auch giftige befinden können. Frage im Zweifelsfall immer den Tierarzt, auf welche du achten musst. Eine weitere Gefahr, die nicht jeder kennt, ist gemähtes Gras. Pferde fressen zwar Gras, können aber frisch gemähtes Gras nicht verdauen. Es beginnt im Magen zu gären und kann tödliche Koliken verursachen. Liegt die Koppel zwischen Gärten, solltest du mit den Nachbarn über diese Gefahr sprechen.

KREUZKRAUT

2

Untersuche dein Pferd sorgfältig auf Verletzungen. Wenn es im Winter eine Decke trägt, muss diese regelmäßig kontrolliert werden. Feuchte Kleider sind auch für Pferde ungesund. Kontrolliere auch, ob die Decke vielleicht scheuert. Prüfe nach, ob alle Riemen und Schnallen der Pferdedecke in Ordnung sind und nicht repariert werden müssen.

3

Achte im Winter besonders auf Anzeichen von Mauke (Eiteransammlungen und Krusten an den Fesseln) und Raspe (Entzündungen an der Haut der Sprunggelenksbeuge). Im Sommer halte die Augen nach Räude (schuppige Bezirke mit Haarausfall und schorfige Knötchen durch Milbenbisse) offen. Wenn du solche Anzeichen siehst, wende dich an den Tierarzt.

4

Binde dein Pferd an und kratze die Hufe aus. Kontrolliere dabei auch, ob die Hufeisen fest sitzen. Steinchen, die sich im Huf verkeilt haben, müssen entfernt werden, sonst verursachen sie dem Pferd Schmerzen. Geht es deinem Pferd rundum gut, kontrolliere die Umgebung. Achte auf Müll und Löcher im Boden: All das kann zu Verletzungen führen.

Im Stall

Pferde und Ponys, die im Stall leben, haben nur wenige Möglichkeiten, sich selbst zu beschäftigen. Für sie ist die Gesellschaft des Menschen, der sie füttert, ihnen Wasser gibt, sie striegelt, die Box ausmistet und hoffentlich auch reitet, ganz besonders wichtig. Manche Pferde verbringen viel Zeit im Stall und kommen am Tag nur ein oder zwei Stunden ins Freie. Andere sind nur nachts im Stall und tagsüber auf der Weide. Du musst eine Lösung finden, die dir und deinem Pferd gefällt und die auch gut zu deinem Alltags-Zeitplan passt.

Expertentipp

Die Pflege und Versorgung eines Stallpferdes kostet viel Zeit. Stehen mehrere Pferde in einem Stall, können sich die Besitzer gegenseitig helfen. So bekommt jedes Pferd mehr Aufmerksamkeit, als eine einzelne Person ihm geben könnte – und jeder Besitzer hat auch einmal frei.

▲ Täglich frische Luft

Die meisten Pferde sind gern auf der Weide. Du solltest versuchen, deinem Pferd diese Möglichkeit zu geben, und sei es nur für eine Stunde am Tag. Und wenn es gar nicht anders geht, nimm dir wenigstens die Zeit, es zweimal am Tag für ein Weilchen ins Freie zu führen.

▼ Ställe

Es gibt zwei verschiedene Arten von Ställen. Traditionelle Ställe haben Einzelboxen, die in Reihen nebeneinander angeordnet sind. Ställe im amerikanischen Stil sind sehr groß, in ihrem Inneren können sich mehrere kleine Ställe befinden. Der Vorteil amerikanischer Ställe ist, dass man alles unter Dach erledigen kann. Die Nachteile bestehen darin, dass manche Pferde sich darin nicht wohl fühlen und sich im gemeinsamen Luftraum Krankheiten leichter ausbreiten können. In jedem Fall muss ein Stall stabil gebaut und gut belüftet sein, damit die Pferde immer saubere, frische Luft atmen. Zugluft sollte aber vermieden werden.

▲ Das Füttern

Pferde im Stall müssen regelmäßig gefüttert werden, damit ihr Organismus gesund bleibt. Das Stallfutter sollte eine Mischung aus Heu, Getreide (z.B. Hafer, Häcksel) und Kraftfutter sein. Menge und Mischungsverhältnis richten sich danach, wie stark das Pferd gefordert wird und ob es zu- oder abnehmen soll. Auch der Charakter des Pferdes spielt eine Rolle, denn manche Pferde werden durch bestimmte Futterarten reizbar.

Das Ausmisten ▶

Das Ausmisten ist absolute Pflicht. Das Pferd braucht eine sichere Unterlage zum Ausruhen, die aus Stroh, Sägespänen, Torf und anderen Materialien bestehen kann. Der Mist muss täglich entfernt werden. Je öfter du das tust, desto sauberer sind Box und Pferd. Die Einstreu muss, je nach Material, täglich bis wöchentlich erneuert werden.

Das Tagesprogramm

Ein Stallpferd braucht ein festes Tagesprogramm, zu dem das Füttern, Ausmisten, Putzen und die Bewegung gehören – und zwar jeden Tag. Denkbar wäre, ihm immer früh am Morgen Futter, Heu und frisches Wasser zu bringen. Das Ausmisten ist einfacher, wenn das Pferd nicht in der Box steht, also zum Beispiel während es auf der Weide ist. Nach der Fütterung sollte ein Pferd mindestens eine Stunde lang nicht geritten werden. Ist es tagsüber auf der Weide und wird abends in den Stall gebracht, kann es geputzt und mit einer Stalldecke abgedeckt werden, ehe es in seine Box mit frischem Futter, Wasser und Heu geht.

Angebunden

Wenn ein Pferd angebunden ist und erschrickt, kann es vorkommen, dass es sich losreißen und flüchten will. Damit es sich dabei nicht verletzen kann, wird das Anbindeseil immer an einer Schlaufe aus dünner Schnur befestigt – NIEMALS an einem fest stehenden Gegenstand. Binde einen Knoten, der sich leicht aufziehen lässt, damit du das Pferd schnell losbinden kannst, wenn es in Panik gerät. Gebräuchlich ist auch der so genannte Panikhaken, der sich bei starkem Ruck automatisch löst.

Frisches Wasser ▶

Wassereimer sollten mindestens zweimal täglich geleert und gesäubert werden. Man kann auch eine automatische Tränke einbauen, die genau wie die Tränke auf der Weide sicherstellt, dass dem Pferd immer frisches Wasser zur Verfügung steht.

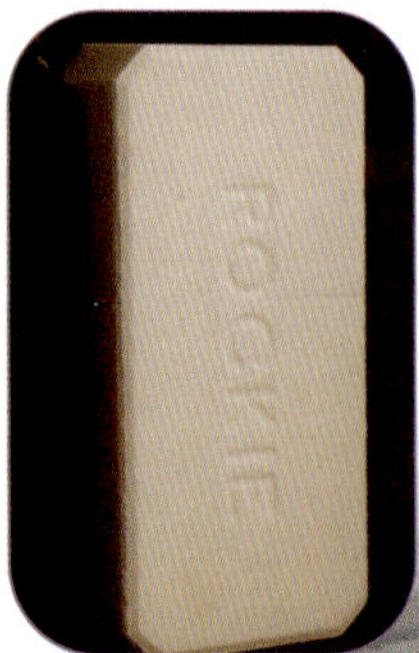

◀ Mineralien

Gut für Stallpferde sind Lecksteine aus Salz oder Mineralien, die in der typischen Stallnahrung oft etwas knapp sind. Pferde auf der Weide nehmen viele Mineralien und Spurenelemente durch das Gras auf, während Stallpferde nur bekommen, was du ihnen gibst.

▼ Heu und Heunetze

Für das Pferd ist es am natürlichsten, wenn man ihm das Heu auf den Boden legt. Allerdings kommt das Heu in einem Netz in Kopfhöhe des Pferdes nicht mit der Boxenstreu und dem Mist in Berührung.

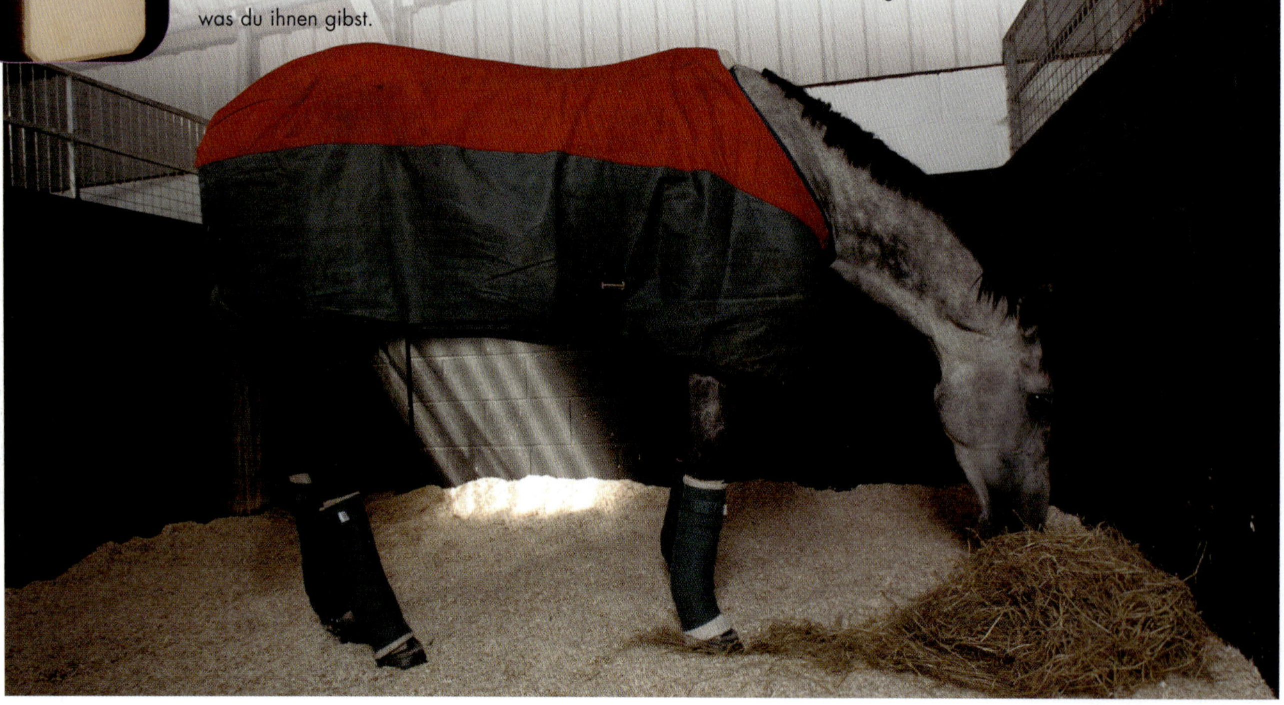

1 Du brauchst eine Schubkarre, eine Mistforke und einen Besen. Pferdeäpfel lassen sich mit einem Bollensammler besonders einfach aufheben.

Gegen die Langeweile

Langeweile ist für Stallpferde ein ernstes Problem. Ein umfassendes Tagesprogramm mit täglichem Reiten, Weideaufenthalt, Putzen, regelmäßigen Fütterungen und einer Portion frischer Luft bietet den meisten Pferden genug Abwechslung. Man kann ihnen aber auch spezielle Spielzeuge anbieten, mit denen sie sich beschäftigen können.

Futterspender beschäftigen Pferde ebenfalls und sorgen zugleich dafür, dass sie das Futter nicht zu schnell fressen. Manche Modelle haben die Form einer Walze, die das Pferd so lange drehen muss, bis es das Loch gefunden hat, aus dem das Futter rieselt.

2 Entferne die Pferdeäpfel und versuche, dabei nicht zu viel saubere Streu mit aufzuheben. Mit einer Mistforke ist das einfach, weil man damit die Pferdeäpfel wie mit einem Sieb aus der Streu hebt. Du kannst auch einen Bollensammler benutzen. Steht ein Pferd ständig im Stall, sollte man den Mist mehrmals am Tag entfernen.

3 Kratze dann den Boden der Box gründlich ab und entferne die nasse Streu. Das Foto zeigt eine Hanfstreu, die nur alle fünf bis sieben Tage erneuert werden muss. Verwendet man Stroh oder Papier, muss die feuchte Streu täglich gewechselt werden. Bei Holzhackschnitzeln hängt es von der Saugfähigkeit ab, wie oft man sie erneuern muss.

4 Wenn du die feuchte Streu entfernt hast, füllst du die Box einfach mit frischer, trockener Streu auf.

Das gesunde Pferd

Ein Pferd kann nicht sprechen, aber es kann durch seine Körpersprache viel mitteilen. Indem du es sorgfältig beobachtest, wirst du bald lernen, Warnzeichen zu erkennen. Wenn dein Pferd mit anderen auf der Weide steht, sei beim Beobachten und Untersuchen sehr vorsichtig. Behalte auch die anderen im Auge, damit du nicht in eine Auseinandersetzung unter den Tieren gerätst.

Checkliste Gesundheit

Daran erkennt man ein gesundes Pferd:

- Klare, glänzende Augen
- Saubere, trockene Nüstern
- Wachsames, aufmerksames Verhalten
- Glänzendes, glattes Fell
- Gut ausgebildete Muskeln
- Kraftvolle Bewegungen, gute Haltung

Schläft es oder geht es ihm schlecht?

Pferde können im Stehen schlafen, aber sie legen sich manchmal auch hin. Siehst du ein Pferd mitten auf der Weide liegen, dann schläft es in den meisten Fällen wahrscheinlich und du musst dir keine Sorgen machen. Wenn du dich einem schlafenden Pferd näherst, sprich es frühzeitig an, damit es nicht erschrocken aufspringt, wenn es dich plötzlich sieht. Schwitzt das Pferd stark oder tritt es gegen seinen Bauch, hat es wahrscheinlich Schmerzen, und du solltest einen Tierarzt rufen. Das gilt auch, wenn das Pferd nicht aufstehen kann oder will.

◀ Lerne dein Pferd kennen

Jedes Pferd oder Pony hat seinen eigenen Charakter und typische Verhaltensweisen. Nimm dir Zeit, um dein Tier im Stall oder auf der Weide zu beobachten. So lernst du sein normales Verhalten kennen und siehst schnell, wenn etwas nicht stimmt. Abweichungen vom normalen Verhalten sollte man immer als Warnzeichen betrachten.

Das Putzen

Das Putzen dient nicht nur der Sauberkeit und Gesundheit des Pferdes, es ist auch eine gute Möglichkeit, es besser kennen zu lernen. Gerade beim Putzen vertieft sich die Beziehung zwischen dir und deinem Pferd. Du kannst außerdem feststellen, ob das Pferd wunde Stellen, Verletzungen oder verspannte Muskeln hat, und das Putzen ist für das Pferd eine behutsame Massage.

Expertentipp

Das Auskämmen von Kletten tut weh. Damit Mähne und Schweif immer glatt und gepflegt aussehen, kannst du ein spezielles Fellpflegemittel verwenden, das vor dem behutsamen Kämmen oder Bürsten aufgesprüht wird.

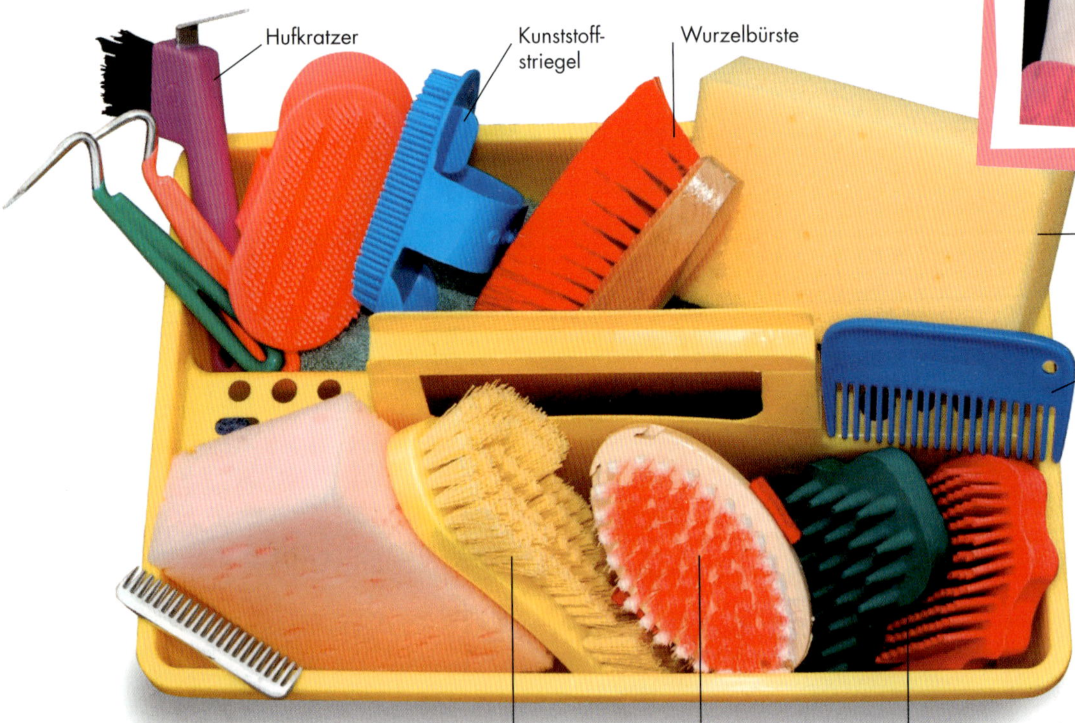

◀ Putzkasten

Am besten bewahrst du das Putzzeug in einem Kasten oder Beutel auf, damit es sauber und schnell zur Hand ist. Jedes Pferd sollte sein eigenes Putzzeug haben, das regelmäßig ausgewaschen wird.

1 Verkrusteten Schmutz entfernst du mit einem kräftigen Gummi- oder Kunststoffstriegel. An knochigen und empfindlichen Bereichen reibst du den Schmutz mit der Hand ab. Klopf den Striegel regelmäßig aus, damit er nicht verklebt.

2 Mit einer Kardätsche oder einem Striegel mit festen Borsten putzt du dann den Rücken und die Beine des Pferdes. Um Haare und Staub daraus zu entfernen, streifst du sie am Kunststoffstriegel ab.

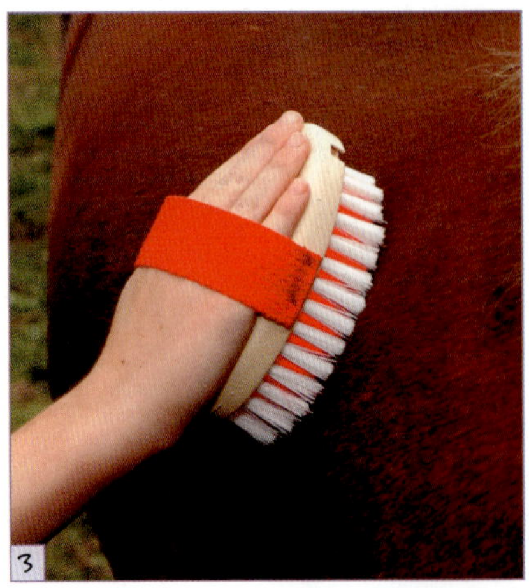

3 Mit einem weicheren Striegel putzt du Kopf und Bauch des Pferdes. Du kannst damit auch noch einmal über das übrige Fell fahren, um es zu glätten. Zum Säubern streif auch diesen Striegel am Kunststoffstriegel ab.

Für Mähne und Stirnlocke benutzt du deinen Schweif- und Mähnenkamm. Pass auf, dass du das Pferd dabei nicht an den Ohren kitzelst.

Stelle dich neben das Pferd und putze den Schweif mit einem weichen Striegel oder einem Kamm. Kletten entfernst du mit den Fingern, nachdem du ein Fellpflegemittel aufgesprüht hast.

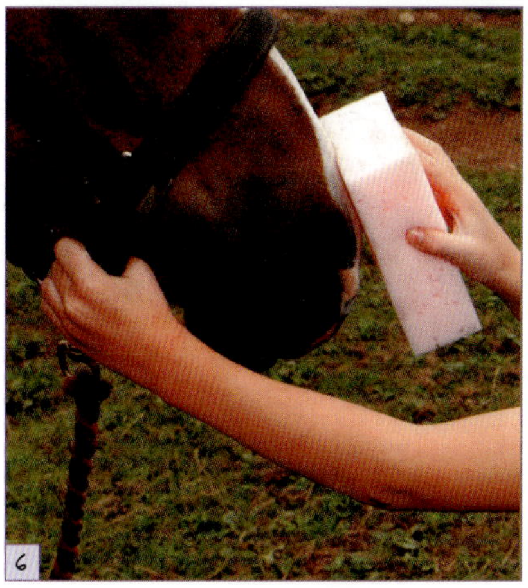

Ins Putzzeug gehören auch zwei Schwämme in verschiedenen Farben – einer für Augen und Nase und einer für den Bereich unter dem Schweif.

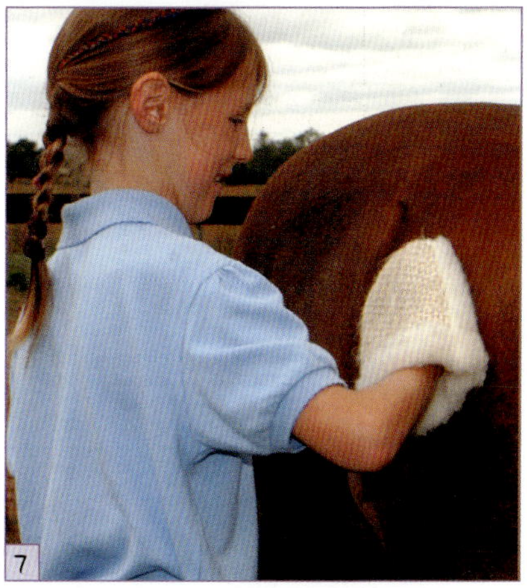

Mit einem weichen Lammfellhandschuh wird das Fell auf Hochglanz gebracht. Mit einem Massagehandschuh aus Gummi kannst du verspannte Muskeln lockern und lose Haare entfernen.

Hufe auskratzen

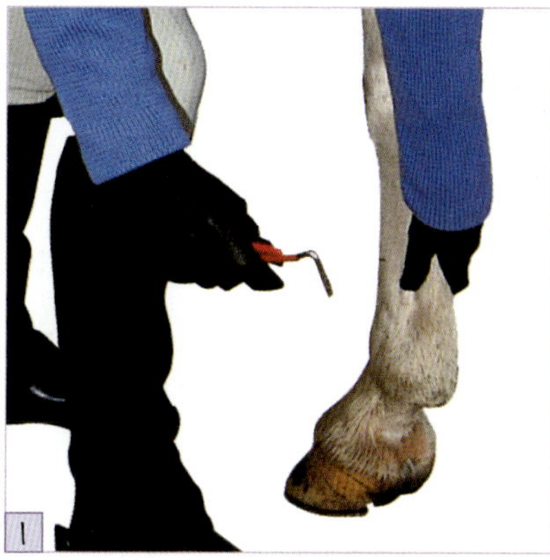

Um die vorderen Hufe zu säubern, stell dich neben dein Pferd und streiche mit der Hand an der hinteren Beinsehne abwärts bis zur Fessel. Leg deine Hand um die Fessel und drücke leicht zu, um das Pferd aufzufordern, den Fuß zu heben.

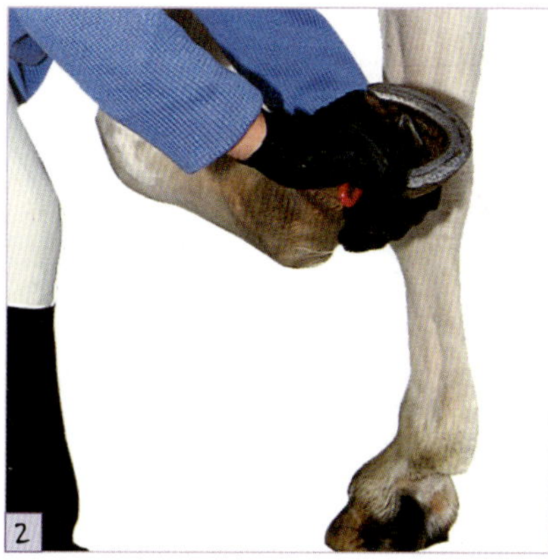

Hebt das Pferd den Fuß nicht, lehne dich leicht gegen seine Schulter. Hebt es ihn dann, leg deine Handfläche um den Huf und halte ihn gut fest. Nimm den Hufkratzer in die andere Hand und entferne vorsichtig Schmutz und Steinchen.

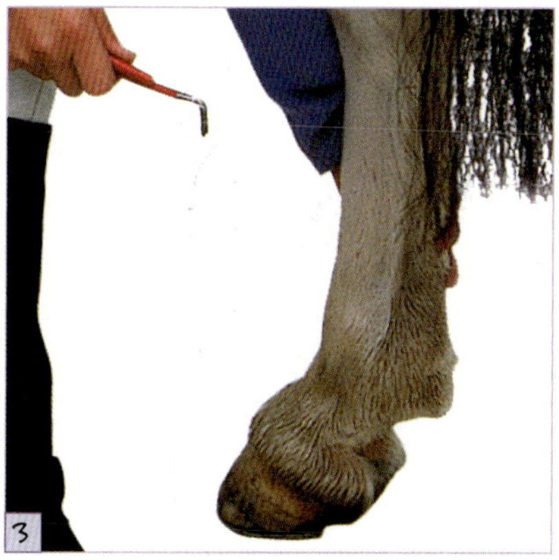

Um die hinteren Hufe zu säubern, stell dich neben das Pferd und fahre mit der Hand an der Innenseite des Beins abwärts. Umfasse die Fessel fest, damit das Pferd den Fuß hebt. Nutze den Hufkratzer in deiner anderen Hand, um vorsichtig Schmutz und Steinchen zu entfernen.

Das Füttern

In freier Natur würde ein Pferd die meiste Zeit grasen. Es könnte einfach dorthin gehen, wo es Gras und andere Pflanzen findet, die es braucht. Ein gezähmtes Pferd dagegen ist durch die Größe seiner Weide oder durch den Stall eingeschränkt, also müssen wir uns um seine Fütterung kümmern. Am gesündesten ist eine Ernährung, die dem natürlichen Weideverhalten nahe kommt – also häufig kleine Mengen.

Die goldenen Regeln des Fütterns

- Füttere häufig kleine Portionen.
- Frisches Wasser muss immer bereitstehen. Das Pferd sollte möglichst VOR dem Fressen trinken.
- Nach dem Fressen sollte das Pferd mindestens eine Stunde lang Ruhe haben (nicht bewegen und reiten).
- Das Futter muss auf die Beanspruchung des Pferdes abgestimmt sein und bei Veränderungen angepasst werden.
- Achte auf das Gewicht deines Pferdes – nicht zu viel und nicht zu wenig.
- Mindestens 1/3 der Nahrung muss aus Faserstoffen bestehen.
- Die tägliche Kraftfutter-Ration wird auf drei oder vier Portionen aufgeteilt.
- Füttere jeden Tag zu den gleichen Zeiten.
- Vermeide plötzliche Veränderungen in der Ernährung.

▼ Faserstoffe

Die Nahrung eines Pferdes muss reich an Pflanzenfasern sein, denn Gras, Heu und Getreide sorgen dafür, dass die Verdauung gut arbeitet. Diese Fasern, die man auch Ballaststoffe nennt, sollten einen großen Teil der Nahrung ausmachen. Wird ein Pferd nur leicht gefordert, ist ein Verhältnis von 2/3 faserstoffreichem Futter und 1/3 Kraftfutter richtig.

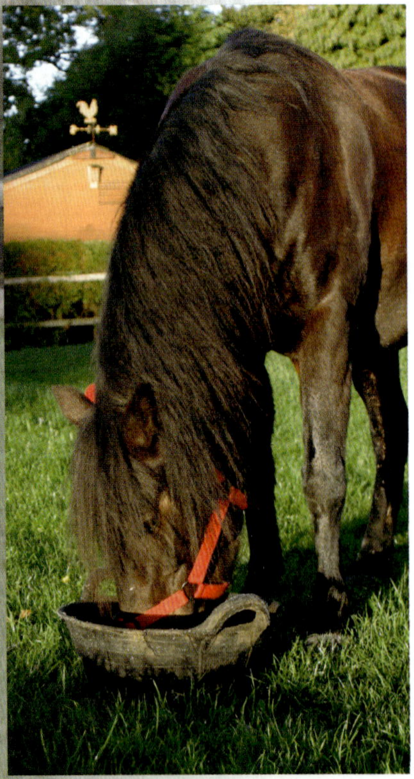

▲ Guten Appetit

Pferde sind Experten darin, mit Kopf oder Hufen am falschen Platz stecken zu bleiben. Benutze darum zum Füttern auf der Weide oder im Stall eine Krippe oder eine gut geformte Futterschale. Das Foto zeigt eine Schale aus weichem Gummi. Verwende keinen Eimer mit Metallhenkel, denn darin kann sich das Pferd leicht verhaken.

Expertentipp

Fertig gekaufte Futtermischungen und reine Getreide wie Hafer, Gerste oder Mais sind wichtige Energielieferanten und fördern den Muskelaufbau des Pferdes. Im guten Fachhandel und beim Tierarzt kann man sich beraten lassen, welches Futter für das eigene Pferd am besten geeignet ist.

▲ Mohrrüben und Obst

Äpfel, Mohrrüben und Salz sind gute, natürliche Nahrungsergänzungen. Äpfel solltest du vierteln und Mohrrüben in Stücke brechen, damit das Pferd sich daran nicht verschlucken kann.

▲ Ergänzungsstoffe

Man kann verschiedene Vitamine, Mineralien und Ergänzungsfutter für Gelenke und Atmung kaufen, wenn das Pferd einmal Beschwerden hat. Frage aber vorher immer einen Tierarzt, denn Zusatzstoffe sind teuer und manche bringen mehr Schaden als Nutzen.

▲ Zuckerrüben

Zuckerrüben sind ein gutes Futtermittel, weil sie Faserstoffe enthalten und Energie liefern. Sie müssen vor dem Füttern 12 bis 24 Stunden eingeweicht werden.

Heu

Futter wie Heu oder Getreide sollte möglichst immer bereitstehen – es sei denn, das Pferd muss Gewicht abnehmen. Wird ein Pferd nur leicht gefordert, ist ein Verhältnis von 2/3 faserstoffreichem Futter und 1/3 Kraftfutter richtig. Muss es mehr leisten, kann das Verhältnis verschoben werden, doch der Anteil an faserstoffreichem Futter darf nie weniger als 1/3 der Gesamtmenge sein. Man kann kurze Fasern wie Häcksel oder Luzerne unter das Kraftfutter mischen, damit das Pferd seine Portion langsamer frisst. Auch aus einem Heunetz kann das Pferd nicht so schnell fressen wie vom Boden.

◀ Rübenschnitzel

Rübenschnitzel und zerkleinerte Luzerne können unter das Kraftfutter gemischt werden.

◀ Kraftfutter

Fertige Kraftfutterkonzentrate gibt es mit unterschiedlichem Protein- und Energiegehalt, jeweils abgestimmt auf die Anforderungen des Pferdes.

Spezielle Alleinfuttermittel ▶

Diese sollen eine ausgewogene Ernährung sicherstellen. Meist sind es grobe Mischungen, aus groben Flocken, flachen oder rundlichen Pellets. Manche Pferde sind anspruchsvoll und ziehen die groben Mischungen den Pellets vor.

Hufe und Hufeisen

Die Aufgabe des Hufschmieds besteht darin, den Huf möglichst ausgewogen zu kürzen, dann ein Hufeisen anzupassen und mit Nägeln oder Klebstoff zu befestigen. Hufeisen oder Hufschuhe aus Kunststoff schützen die Hufe des Pferdes. Das ist notwendig, damit es auf verschiedenen Untergründen die vielfältigen Aufgaben bewältigen kann, die von einem Reit- oder Zugpferd verlangt werden.

▼ Besuch vom Hufschmied

Der Hufschmied sollte die Hufeisen eines Pferdes alle vier bis sechs Wochen wechseln. Das Hufeisen wird mit vier Nägeln auf der Außenseite und drei Nägeln auf der Innenseite befestigt. Ein Zehenhaken fixiert es vorn und verhindert, dass der Huf nach vorn aus dem Eisen rutscht.

Hufpflege ▶

Damit die Hufe nicht brüchig oder spröde werden, kann man ein Huffett oder eine Hufsalbe auftragen. Viele Produkte enthalten Wirkstoffe zum Abtöten von Bakterien, welche das Horn der Hufe schwächen oder brüchig machen.

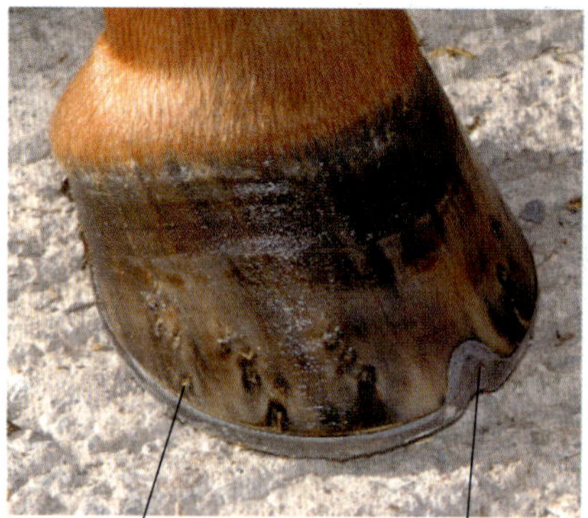

▲ Gute Passform

Setzt das Pferd den Huf auf den Boden, soll er ganz glatt aufliegen, damit das Gewicht während der Bewegung gleichmäßig verteilt wird. Der Hufschmied muss auch auf die richtige Stellung des Fußes achten. Fessel und Huf folgen dem Winkel der Schulter, der ungefähr 45 Grad beträgt.

▲ Sicherer Tritt

Ein richtig gekürzter Huf hat von unten gesehen eine symmetrische Form. Die Form des Hufeisens entspricht der äußeren Kontur des Hufes. Es muss weit genug nach hinten reichen, um auch die Ferse zu schützen, darf aber nicht so lang sein, dass das Pferd mit den hinteren Beinen darauftreten kann.

Besserer Griff

Damit ein Pferd auch auf rutschigem Untergrund sicher auftritt, kann man in die Hufeisen spezielle Stollen schrauben. Dafür muss das Pferd aber Hufeisen mit Stollenlöchern tragen. Mit einem Stollengewindeschneider säuberst du die Löcher, ehe du die passenden Stollen für die Bodenverhältnisse einschraubst. Stollen braucht man haupt-sächlich bei Geländeritten, bei Springturnieren und bei der Dressur. Viel kleinere Stollen nutzt man für den sicheren Tritt auf rutschigem Asphalt. Weil das Auftreten mit Stollen für das Pferd fremd ist, sollte man sie nur verwenden, wenn es wirklich nötig ist.

Badetag

Ein warmer, sonniger Tag ist ideal, um dein Pferd einmal gründlich zu baden. Wenn du jedoch Wärmelampen benutzen kannst, brauchst du nicht einmal auf Sonnenschein zu warten. Warmes Wasser und Shampoo entfernen das Fett aus dem Fell und reinigen die Poren der Haut. Damit das Fell schön glänzt, kannst du nach dem Baden ein Pflegemittel in Fell, Mähne und Schweif einmassieren.

▲ Abspülen

Kaltes Wasser macht Pferden weniger aus als Menschen. Wenn dein Pferd keine Angst vor einem Schlauch hat, kannst du es damit viel schneller und einfacher abspülen als mit Schwamm und Eimer. Spritze aber nicht ins Gesicht und vor allem nicht in die Augen oder Ohren, sonst kann dem Pferd der Spaß am Baden endgültig vergehen.

Vorbereitungen

Stelle alle Utensilien bereit, ehe du richtig anfängst. Du brauchst einige Eimer mit warmem Wasser, Pferdeshampoo, einige Schwämme, ein Schweißmesser und ein paar Handtücher. Lege alles außerhalb der Reichweite des Pferdes bereit, damit es nichts umwirft. Wenn dein Pferd noch nie gewaschen wurde, brauchst du einen Helfer, der das Pferd festhält und es überzeugt, dass Baden doch eigentlich schön ist.

Waschen ▶

Mit dem warmen Wasser machst du das Pferd gründlich nass. Achte aber darauf, dass kein Wasser in die Augen oder die Ohren gelangt. Auch der Schweif sollte trocken bleiben, denn manche Pferde mögen es gar nicht, wenn ihnen der nasse Schweif gegen die Beine klatscht. Massiere das Shampoo ein, bis es kräftig schäumt.

2

Feuchte die Mähne mit dem Schwamm an und massiere mit den Händen etwas Shampoo ein. Kräftig aufschäumen, damit die Haare bis zu den Wurzeln sauber werden. Dadurch wird der Schmutz entlang der Halswirbelsäule entfernt.

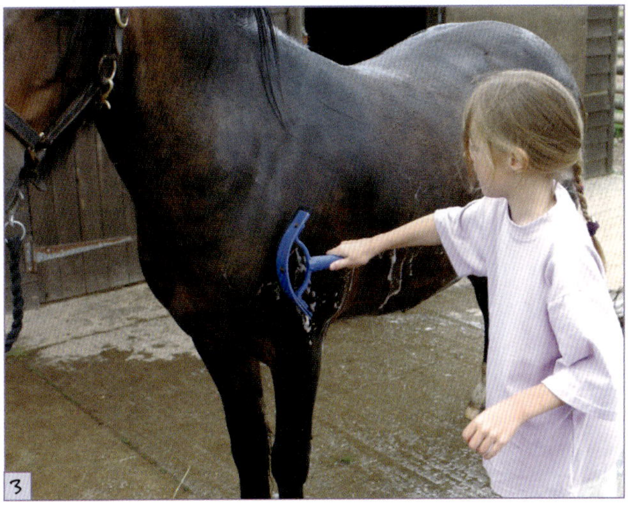

3

Spüle den Schaum mit Schwamm und Eimer oder mit einem Schlauch wieder ab. Ist kein Schaum mehr zu sehen, kannst du das Wasser mit einem Schweißmesser aus dem Fell schaben. Sei dabei an den knochigen Stellen sehr vorsichtig.

4

Wenn du möglichst viel Wasser entfernt hast, reibe das Pferd mit Handtüchern trocken. Am Rumpf kannst du kräftig rubbeln, aber an den Hinterbeinen, am Bauch und im Gesicht musst du behutsamer sein.

5

Jetzt kommt der Schweif an die Reihe. Stelle dich neben das Pferd und stecke das Schweifende in einen Eimer mit warmem Wasser. Feuchte ihn mit einem Schwamm bis zum Ansatz an. Dann schäume ihn mit Shampoo kräftig ein.

6

Spüle das Shampoo (und die Pflegespülung, wenn du eine benutzt hast) mit einem Schlauch oder mit Schwamm und Eimer ab. Drücke möglichst viel Wasser mit den Händen aus. Dann schleudere den Schwanz hin und her, um noch mehr Wasser auszuschütteln.

Pferdeschur

Im Herbst wird das Fell von Pferden dichter und länger, um ihnen im Winter genug Schutz zu bieten. Wenn du auch im Winter reiten willst, musst du das dicke Fell vielleicht kürzer schneiden oder ausdünnen, damit das Pferd nicht zu stark schwitzt. Menschen erkälten sich leicht, wenn sie in feuchten Kleidern herumlaufen – und für Pferde ist ein feuchtes Fell genauso ungesund.

Der Kopf ▶
Ob man das Fell am Kopf komplett kürzt oder im Gesicht und an den Ohren lang lässt, ist Geschmackssache. Für den Kopf verwendet man am besten einen kleineren, leiseren Scherapparat. Sei im Bereich der Augen, Ohren und Nüstern besonders vorsichtig.

Sicherheitstipp

Das Scheren ist nicht so einfach, wie es aussieht. Lass dir dabei lieber von jemandem helfen, der damit Erfahrung hat. Wenn das Pferd noch nie geschoren wurde, muss es zuerst an den Scherapparat gewöhnt werden, damit es nicht erschrickt. Beim erstem Mal berührt man nur sein Fell mit dem Scherapparat, aber ohne ihn einzuschalten. Beim zweiten Mal wird das Fell ganz vorsichtig mit dem eingeschalteten Gerät berührt, damit das Pferd das Geräusch kennen lernt. Erst dann kann es behutsam geschoren werden.

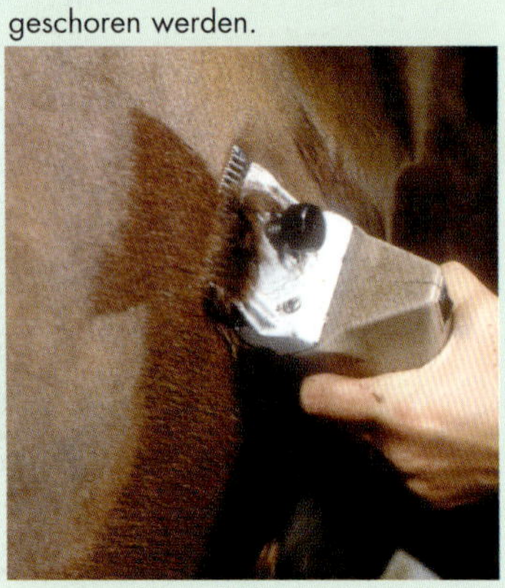

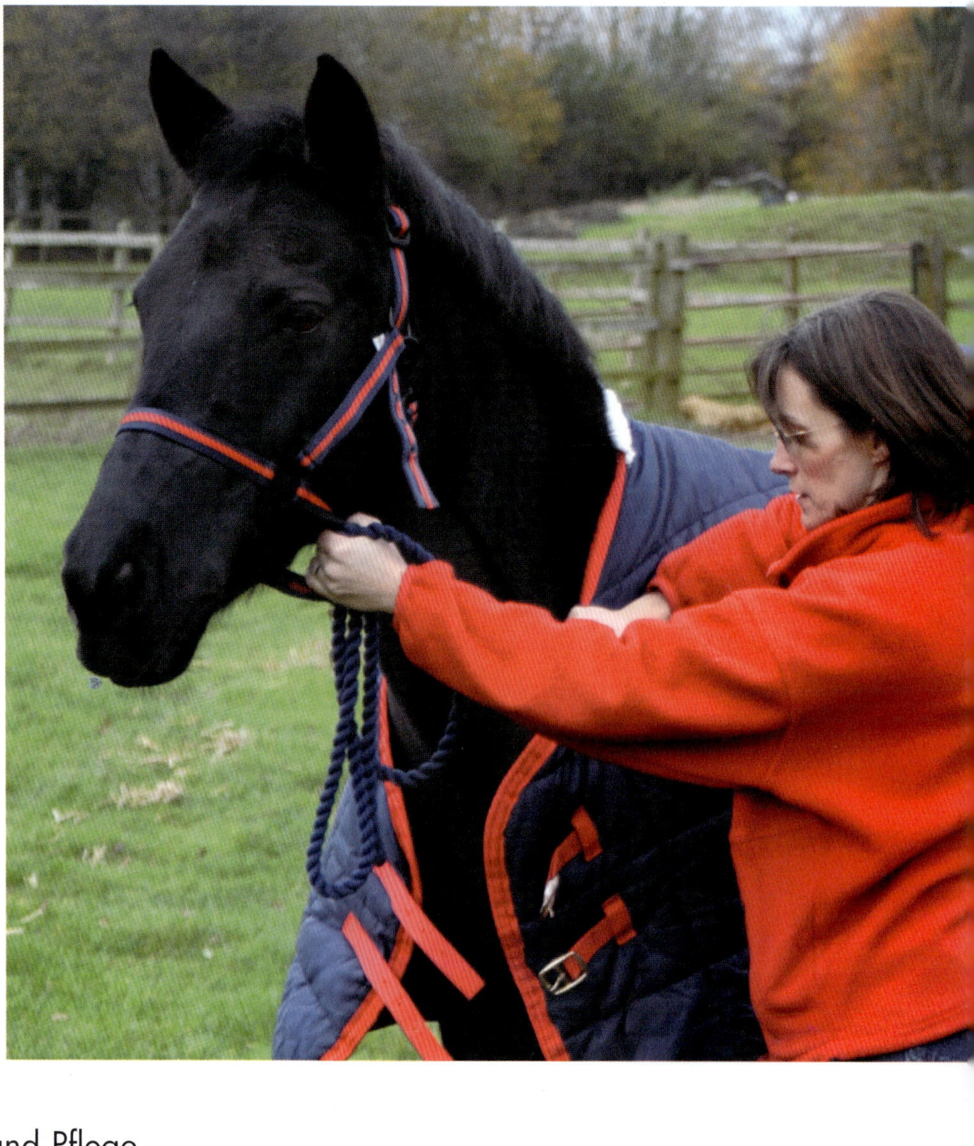

Erst denken, dann scheren ▶
Denke daran, dass das Pferd nach dem Scheren zusätzliche Decken braucht, wenn es nicht geritten wird. Bleibt dein Pferd immer im Freien, solltest du nur wenig stutzen, denn das Fell schützt es vor Kälte und Nässe. Du brauchst auch mehrere wasserfeste Pferdedecken, damit du dem Pferd regelmäßig eine trockene überlegen kannst. All das musst du bedenken, ehe du entscheidest, ob und wie stark du das Fell stutzen willst.

Feinarbeit

Die Fachleute sind sich nicht einig, ob man die Barthaare stutzen soll oder nicht. Wie bei einer Katze dienen sie auch beim Pferd zum Tasten. Das Abschneiden hat für das Pferd also keinen Nutzen. Andererseits habe ich noch kein Pferd gesehen, dem es wegen der gestutzten Barthaare schlecht ging. Es ist also eine Frage des persönlichen Geschmacks.

▼ Jagdpferdeschnitt

Abgesehen vom Bereich des Sattels und den Beinen wird das ganze Fell gestutzt. Diese Lösung eignet sich für stark beanspruchte Tiere, etwa Jagd- und Turnierpferde. Das Fell an den Beinen bleibt meist lang, um Schutz vor Nässe und Kälte zu bieten. Manche Reiter haben es aber lieber kurz.

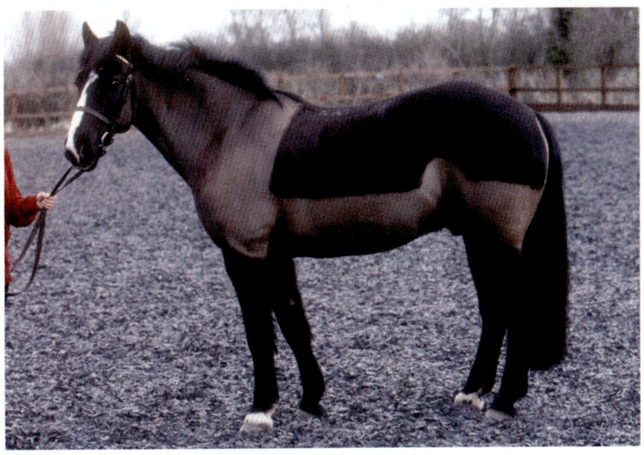

▲ Deckenschnitt

Am Rücken und der Hinterhand bleibt das Fell lang. An Kopf, Hals, Brust und Bauch wird das Fell so stark gestutzt, wie es nötig ist.

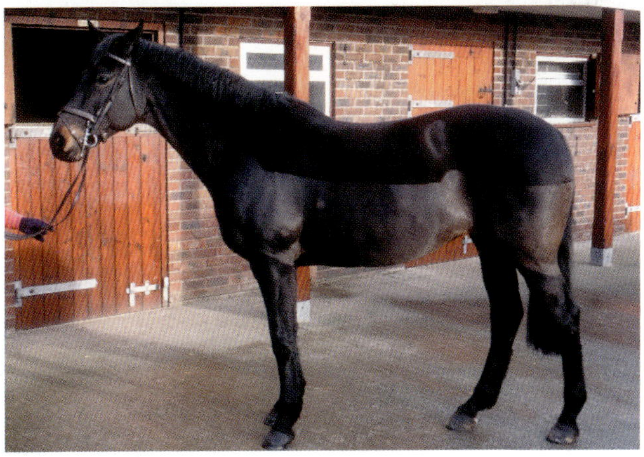

▲ Streifenschnitt

Wenn das Pferd nicht sehr stark gefordert wird und täglich längere Zeit im Freien bleibt, ist dies die beste Lösung. Beim Streifenschnitt wird nur das Fell an Hals, Brust und Bauch so stark gestutzt, wie es nötig ist.

Gut zugedeckt

Die Auswahl an Farben, Mustern und Materialien für Pferdedecken ist groß. Durch die Entwicklung neuer Materialien ist das Angebot an Decken für den Stall und die Weide noch gewachsen. Mit der richtigen Decke fühlt sich ein Pferd bei jedem Wetter wohl. Weiche Fleecedecken sind praktisch, um das Pferd nach dem Reiten abzutrocknen.

◀ Halsteil

Besonders guten Schutz bietet eine Decke mit einem Halsteil. Achte aber darauf, dass sie gut und bequem sitzt und auch dann nicht spannt, wenn das Pferd den Kopf zum Grasen senkt.

▼ Outdoor-Decke

Ein Pferd, das die meiste Zeit draußen lebt, braucht Decken in verschiedenen Stärken für die unterschiedlichen Jahreszeiten und Wetterlagen. Es lohnt sich, bei Decken auf gute Qualität zu achten, weil diese länger halten.

Eingepackt

Lege deinem Pferd immer ein Halfter an und halte es fest, wenn du die Decke kontrollierst. Nimm die Decke jeden Tag ab, um zu kontrollieren, ob das Pferd unter ihr wunde Stellen oder Verletzungen hat. Schau auch nach, ob dein Pferd nicht zu dick oder zu dünn wird – Pferdedecken können eine Menge verstecken!

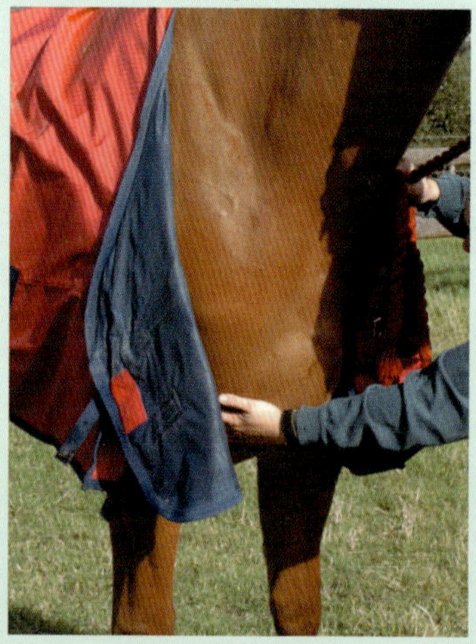

▼ Fliegendecke

Im Sommer ist eine Fliegendecke sinnvoll. Sie wärmt nicht, sondern dient dazu, Insekten fern zu halten und das Pferd vor Bissen und Stichen zu schützen.

▶ Stalldecke

Ein reines Stallpferd braucht verschiedene Decken: eine leichte Sommerdecke, eine Abschwitzdecke oder Fleecedecke zum Abschwitzen nach dem Reiten und einige warme Stalldecken, falls sein Fell im Winter geschoren wird.

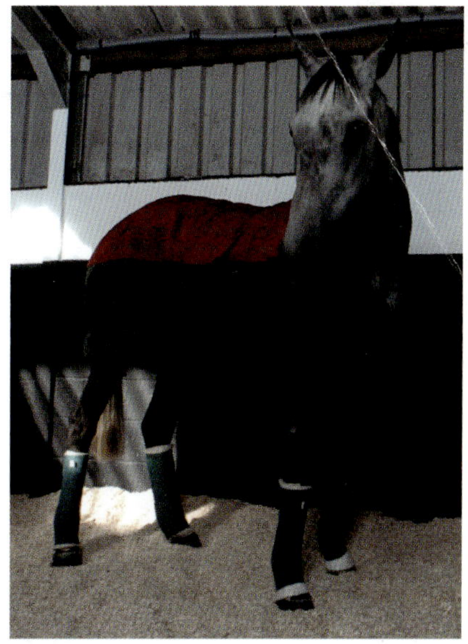

Expertentipp

Pferdedecken solltest du gut behandeln. Wichtig ist vor allem, sie trocken zu halten. Du brauchst mehrere Decken zum Wechseln, damit dein Pferd nie eine feuchte Decke tragen muss. Eine feuchte Decke ist für das Pferd unangenehm und ungesund, außerdem verrottet sie mit der Zeit. Ein Deckenhalter erleichtert das Trocknen sehr.

Hauptsache bequem

Ein Pferd muss sich bewegen können. Es muss fressen, sich hinlegen, wälzen und wieder aufstehen – auch mit einer Pferdedecke. Zu enge Kleidung ist unbequem, für Menschen genau wie für Pferde. Man misst die Deckengröße in Zentimetern von der vorderen Mitte der Brust am Rumpf entlang bis zum hintersten Punkt der Hinterhand. Die Decke muss breit genug sein, um den ganzen Rumpf des Pferdes zu bedecken. Besonders praktisch und bequem sind rutschfeste Modelle mit möglichst wenig Gurten. Decken mit einer Unterpolsterung oder Bewegungsfalten an den Schultern verhindern Scheuerstellen an Brust, Schulter oder Widerrist.

Schweiflatz gibt zusätzlichen Schutz

Größe und Breite reichen zum Bedecken des ganzen Rumpfes

stabile Brustgurte

Kreuzgurte geben guten Halt

Schulterfalte gibt Bewegungsfreiheit

Gamaschen und Bandagen

Gamaschen und Bandagen schützen Gliedmaßen und Schweif des Pferdes. Bei Bandagen ist wichtig, dass sie auf ganzer Länge gleichmäßig fest anliegen, sonst können sie Beschwerden mit der Durchblutung und den Sehnen verursachen. Sie dürfen nicht zu fest anliegen, aber auch nicht zu lose sein, sonst rutschen sie und der Druck wird ungleichmäßig.

Schuhmode für Pferde

Es gibt viele Arten von Gamaschen, die beim Reiten verwendet werden. Alle geben Schutz und Stütze, aber in unterschiedlichem Maße.

- Manche Gamaschen schützen hauptsächlich die Innenseiten der unteren Beine und werden beim alltäglichen Reiten und beim Training benutzt. Andere bieten rundum Schutz. Sie werden zum schnelleren Reiten und Springen benutzt (z.B. Gelände und Vielseitigkeit), wenn Gefahr besteht, dass das Pferd sich die Sehnen der Vorder- oder Hinterbeine verletzt oder durch ein anderes Pferd verletzt wird.
- Springgamaschen sieht man öfter bei Springturnieren. Sie schützen den empfindlichen Sehnenbereich, sind aber vorn nicht gepolstert, damit das Pferd spüren kann, wenn es ein Hindernis berührt.
- Streichkappen sind kurze Gamaschen, die die Innenseite des Fesselgelenks schützen.
- Hufglocken sind glockenförmige Kappen, die um die Fesseln gelegt werden und den Kronenrand des Hufes schützen. Sie verringern auch die Gefahr, dass ein Pferd mit einem Hinterfuß auf ein Hufeisen des Vorderfußes tritt.

▼ Stallbandagen

Stallbandagen schützen und wärmen. Das Pferd kann sie im Stall und beim Transport tragen. Es sind dicke, nicht dehnbare Bandagen, die über einem weichen Bandagierkissen getragen werden. Kissen und Bandage reichen von der Oberkante des Hufs bis kurz unter das Knie.

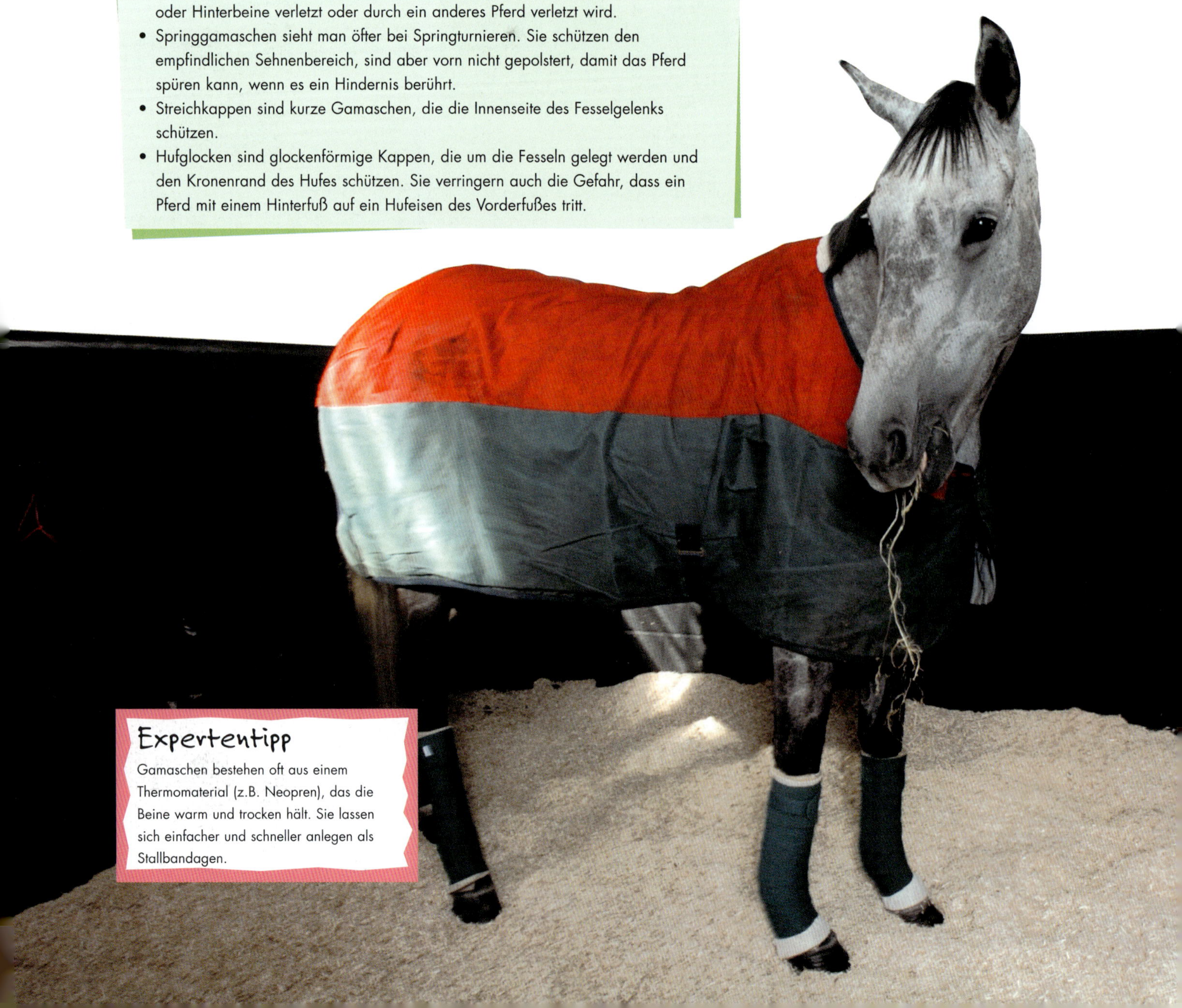

Expertentipp

Gamaschen bestehen oft aus einem Thermomaterial (z.B. Neopren), das die Beine warm und trocken hält. Sie lassen sich einfacher und schneller anlegen als Stallbandagen.

Anlegen einer Schweifbandage

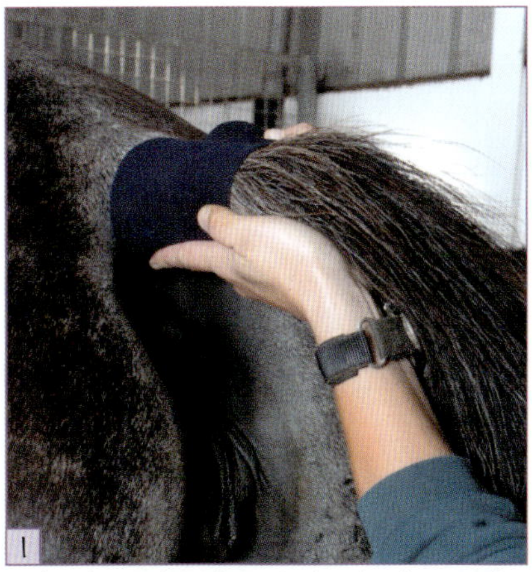

1 Hebe den Schweif an. Halte das lose Ende der Bandage fest und wickele sie so hoch wie möglich einmal um den Schweifansatz. Schlage das Ende um und befestige es mit der nächsten Wicklung.

2 Wickle die Bandage spiralförmig um den Schweif. Dabei muss jede Wicklung die vorige um ein Drittel überlappen. Wickle abwärts bis zum Ende der Schweifwirbel und dann wieder aufwärts.

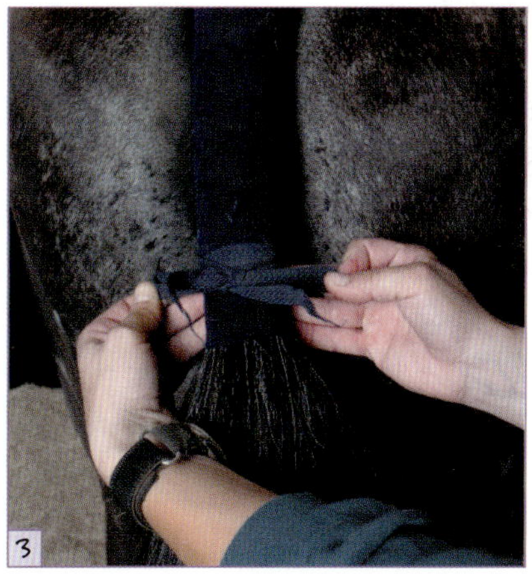

3 Binde die Enden der Bandage zu einer ordentlichen Schleife. Schiebe die Schleife unter eine Wicklung der Bandage, um sie zu verdecken.

Anlegen von Trainingsbandagen

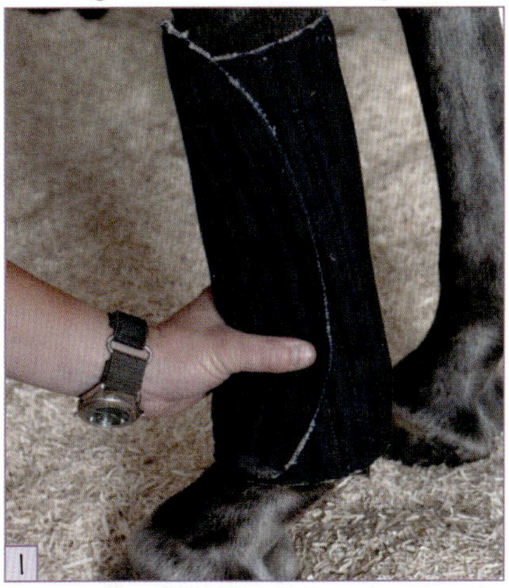

1 Lege das Bandagierkissen zwischen Fessel und Sprunggelenk um das Bein und halte es fest. Mit der freien Hand legst du die Bandage an.

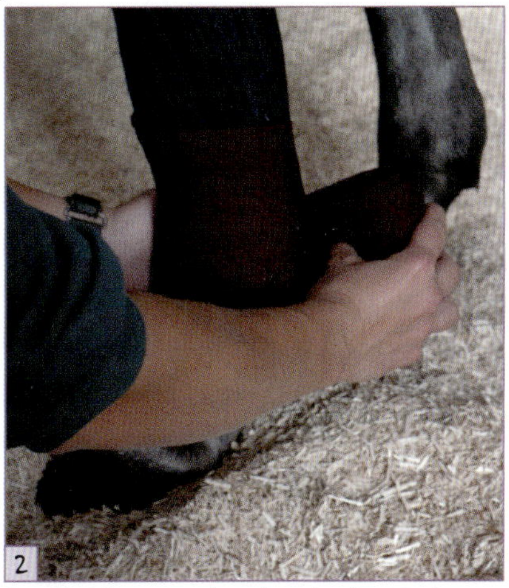

2 Die Bandage wird in der gleichen Richtung angelegt wie das Kissen. Schiebe das Ende der Bandage unter den Rand des Kissens und wickle die Bandage gleichmäßig fest um das Bein.

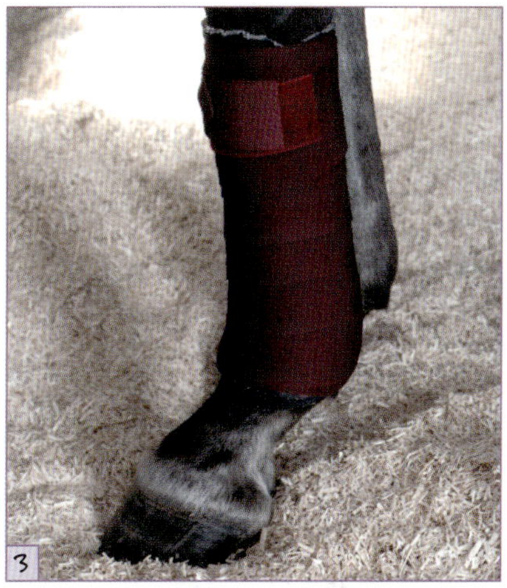

3 Jede Wicklung soll die vorherige um ein Drittel überlappen. Wickle recht fest, damit die Bandage nicht rutscht, aber nicht zu fest. Zum Schluss befestigst du das Ende mit dem Klettverschluss.

Anlegen von Stallbandagen

1 Du brauchst ein größeres Bandagierkissen, das vom Sprunggelenk bis knapp über den Hufrand reicht. Lege es um das Bein und halte es fest.

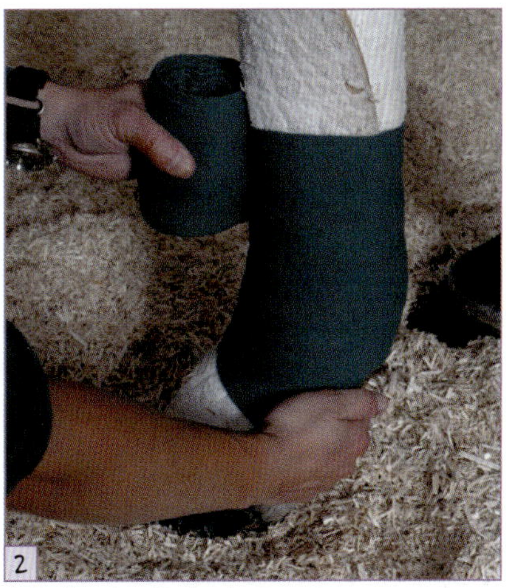

2 Schiebe das Ende der Bandage unter den Rand des Kissens, dann wickle die Bandage in der gleichen Richtung wie das Kissen um das Bein.

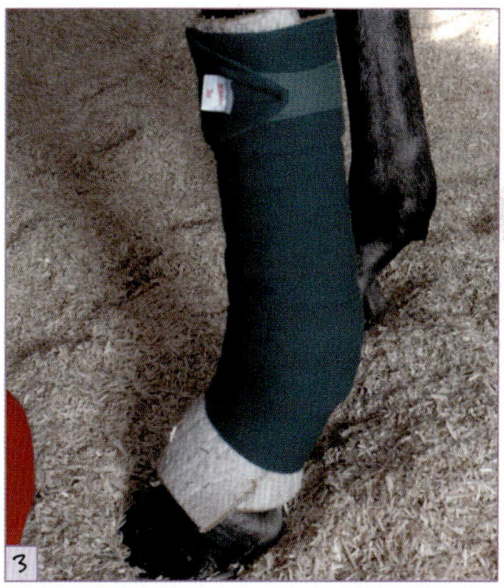

3 Passe die Wicklung der Kontur des Fesselgelenks an und achte auf gleichmäßigen Druck. Kurz unter dem Sprunggelenk wird die Bandage mit dem Klettband geschlossen.

Pferdefrisuren

Das Schöne an Turnieren ist, dass sie eine Gelegenheit bieten, sich selbst und das Pferd herauszuputzen. Mit einer geflochtenen Mähne sieht jedes Pferd gleich viel hübscher aus – und das werden auch Zuschauer und Turnierrichter bemerken.

Kleiderregeln ▶

Informiere dich vor einem Turnier oder einer Prüfung über die Kleidungsvorschriften. Es gilt als Zeichen des Respekts vor den Richtern, wenn man sich die Mühe macht, dem Pferd Mähne und Schweif zu flechten.

Die Mähne flechten

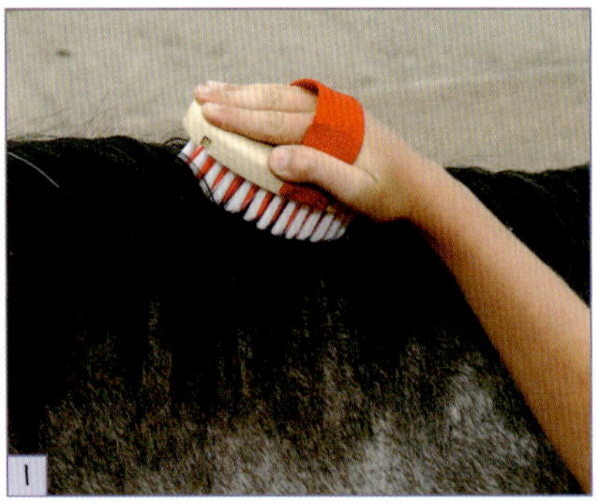

Am einfachsten ist es mit einer sauber ausgedünnten Mähne. Glätte sie zuerst mit einem feuchten Striegel, damit sich die Haare leichter handhaben lassen.

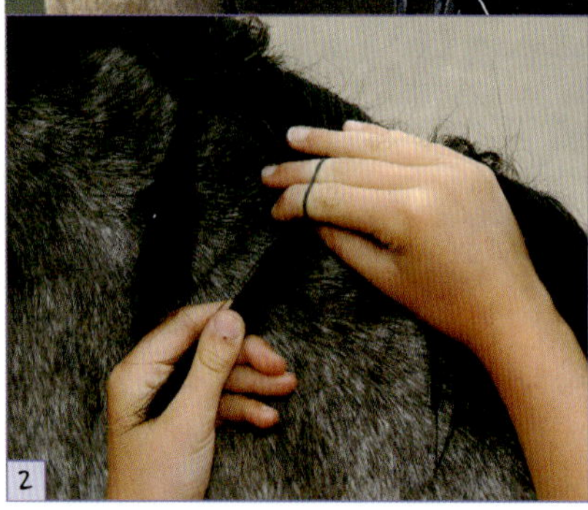

Teile die Haare dann mit einem Kamm und den Fingern in gleichmäßige Strähnen. Binde jede Strähne mit einem Gummiband ab.

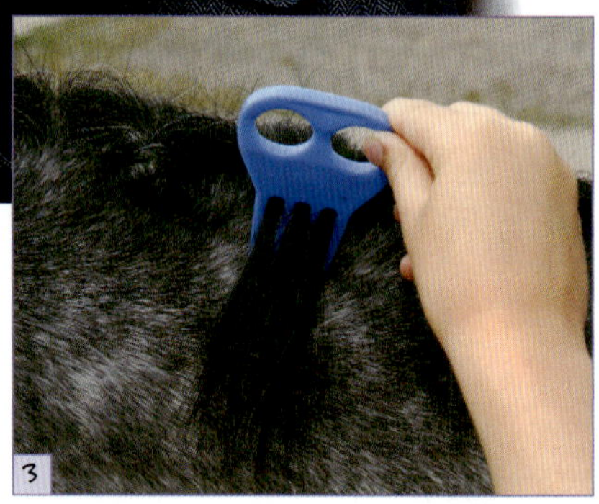

Nimm von einer Strähne das Gummiband ab, teile sie in drei Stränge und flechte sie zu einem Zopf.

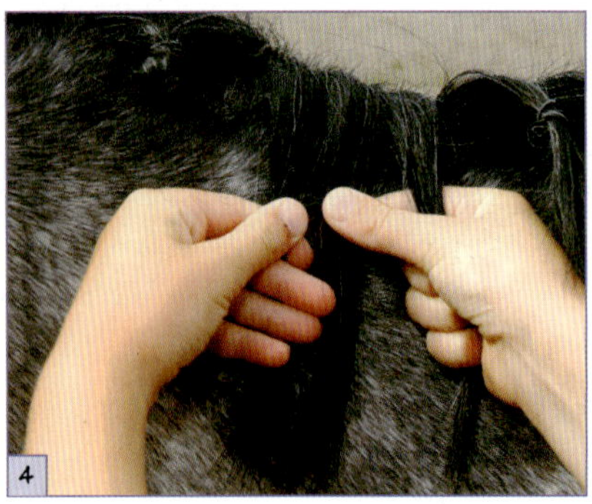

Flechte möglichst fest. Lege immer abwechselnd den rechten und den linken Strang über den mittleren.

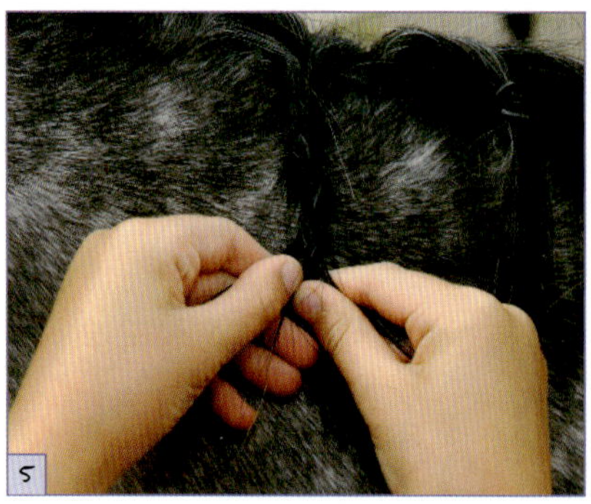

Flechte ganz fest bis zum Ende der Haare. Zum Schluss bindest du das Gummiband um das Zopfende, damit er nicht aufgeht.

Lege den Zopf doppelt oder rolle ihn zu einer festen Kugel, die auf dem Hals sitzt. Befestige ihn mit einem zweiten Gummiband.

Den Schweif flechten

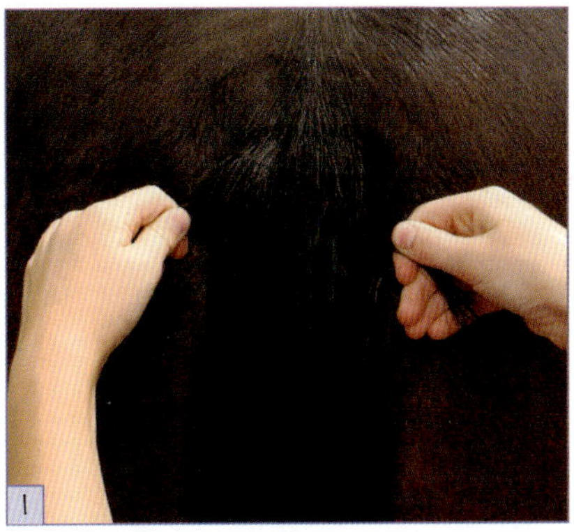

Einen ausgedünnten Schweif kann man nicht flechten – für einen schönen Zopf brauchst du lange Haare. Teile auf jeder Seite des Schweifs eine Strähne ab. Nimm eine dritte Strähne in der gleichen Stärke von der Mitte des Schweifs.

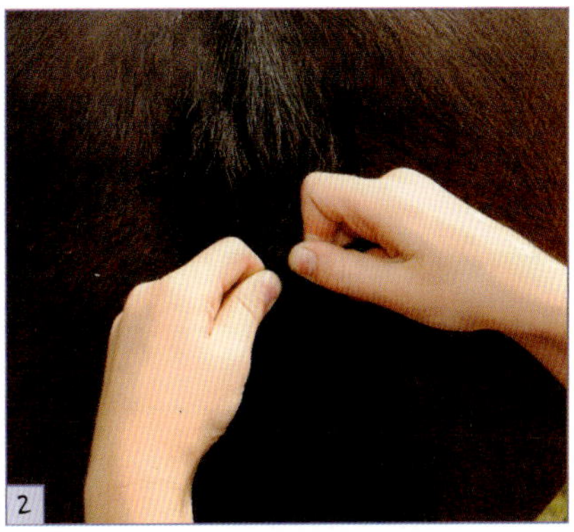

Lege zuerst die linke und dann die rechte Strähne über die mittlere. Jetzt wird es komplizierter. Nimm eine neue Strähne von links und lege sie über die mittlere. Dann nimmst du eine neue Strähne von rechts – und so weiter.

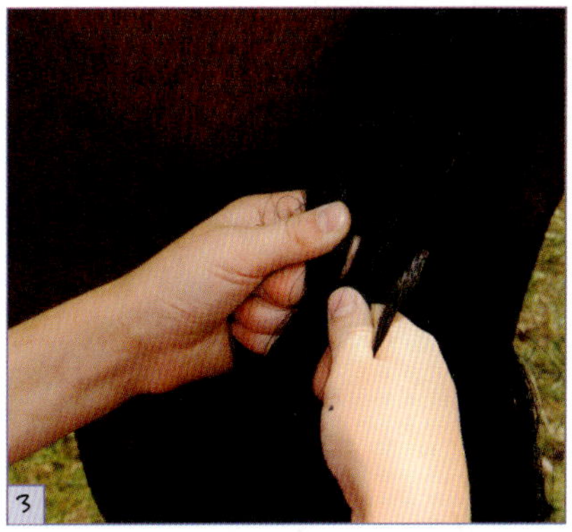

Flechte immer weiter und nimm jedes Mal einige Schweifhaare hinzu. Wenn die mittlere Strähne zu dünn wird, musst du auch zu ihr einige Schweifhaare hinzunehmen. Am schönsten sieht es aus, wenn alle drei Strähnen immer die gleiche Stärke haben.

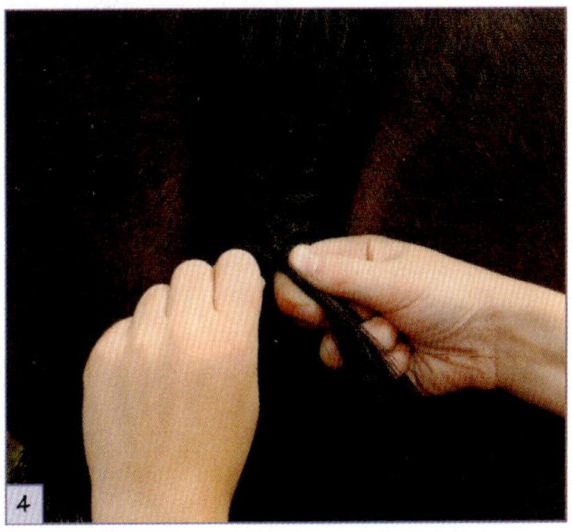

Flechte möglichst fest. Jedes Mal, wenn du eine Strähne überkreuzt hast, ziehst du sie vorsichtig fest. Die seitlichen Strähnen halten die restlichen Schweifhaare, sie dürfen also nicht zu locker geflochten sein, sonst hängen sie hässlich durch.

Wenn du am Ende der Schwanzwirbel (= knochiger Teils des Schweifs) angekommen bist, flichtst du die drei Strähnen als einfachen Zopf weiter. Am Ende wird der Zopf mit einem Gummiband abgebunden, damit er sich nicht von selbst löst.

Jetzt klappst du das Zopfende um, schiebst es unter den Anfang des losen Zopfes und befestigst wieder alles mit einem Gummiband. Bis zum großen Auftritt solltest du dem Pferd eine Schweifbandage oder einen Schweifschoner anlegen.

Expertentipp

Mähne und Schweif sollten zum Flechten sauber sein, doch dann sind die Haare glatt und sehr rutschig. Am besten wäschst du sie einige Tage vorher und bürstest sie unmittelbar vor dem Flechten nochmals gut durch. Die Zöpfe sollen das Pferd schmücken, überlege deshalb, ob ihm große oder kleine Zöpfe besser stehen. Dicke Mähnenzöpfe passen meist besser zu Pferden mit breitem, kräftigem Hals. Pferde mit schlankem Hals sehen mit vielen dünnen Zöpfen eleganter aus. Die Stirnlocke kannst du wie den Schweif flechten.

Denk daran, den Schweifschoner später ganz vorsichtig abzunehmen, damit du dein Kunstwerk nicht beschädigst. Eine Schweifbandage solltest du langsam abwickeln, auch wenn man sie normalerweise einfach abziehen kann.

Der letzte Schliff

Für besondere Anlässe kannst du dein Pferd richtig schön herausputzen – es lohnt sich und macht Spaß. Überlege auch, ob du die Mähne ausdünnen möchtest. Dann geht später das Flechten viel leichter von der Hand.

Am Vortag

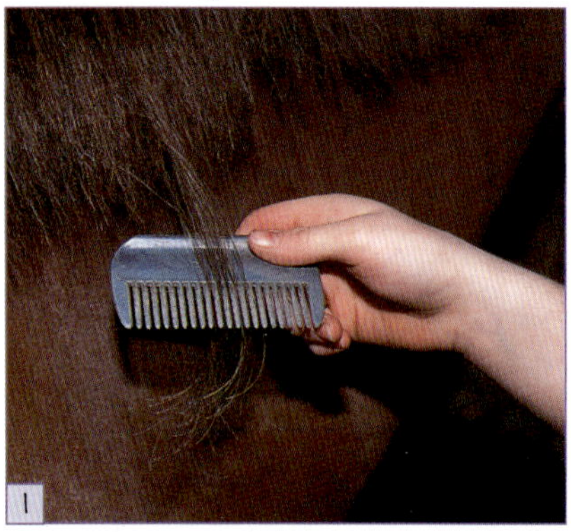

1 Zum Ausdünnen von Mähne und Schweif benutzt man einen kleinen Metallkamm. Nimm einige längere Haare von der Unterseite der Mähne, wickele sie um den Kamm und zieh sie mit einem kurzen Ruck heraus. Nimm immer nur dünne Strähnen, auch wenn viele Haare ausgedünnt werden müssen.

2 Robustpferde sollten bei Turnieren ungeschoren vorgeführt werden. Bei anderen Pferden könntest du die langen Haare an den Fersen stutzen. Heb die Haare mit einem Kamm etwas vom Bein ab und schneide sie mit einer Schere mit abgerundeten Enden.

3 Stutze das Schweifende, damit es nicht ausgefranst aussieht. Achte darauf, wie hoch dein Pferd den Schweif normalerweise trägt, damit du ihn nicht zu kurz schneidest. Die Haare sollten etwa drei bis fünf Zentimeter unterhalb des Sprunggelenks enden.

Gelungener Auftritt ▶

Es entgeht weder Zuschauern noch Turnierrichtern, wenn du dir mit der Vorbereitung deines Pferdes und mit deiner Ausstattung Mühe gibst. Es kann zwar nur einen Sieger geben, doch trotzdem solltest du darauf achten, dass ihr beide möglichst gut ausseht und euer Bestes gebt.

Der große Tag

Kreide

Hat dein Pferd weiße Fesseln, wasche sie am Morgen des Turniers mit Shampoo. Kurz vor Turnierbeginn kannst du sie dann noch mit Kreide zum Leuchten bringen.
Mit großen Kreideblöcken speziell für diesen Zweck ist das ganz einfach.

Glänzende Nase

Babyöl macht nicht nur Kinderhaut weich, es bekommt auch Pferdenasen bestens. Träufele etwas Babyöl in die Hand und reibe die Nase deines Pferdes ganz vorsichtig damit ein.

Fellschmuck

Mit einer gekauften oder selbst gemachten Schablone kannst du sogar das Fell auf der Hinterhand deines Pferdes verzieren.

Bürste das Fell zuerst mit einem feuchten Striegel glatt. Dann lege die Schablone auf und bürste nochmals über das Fell – aber nun gegen die Wuchsrichtung der Haare.

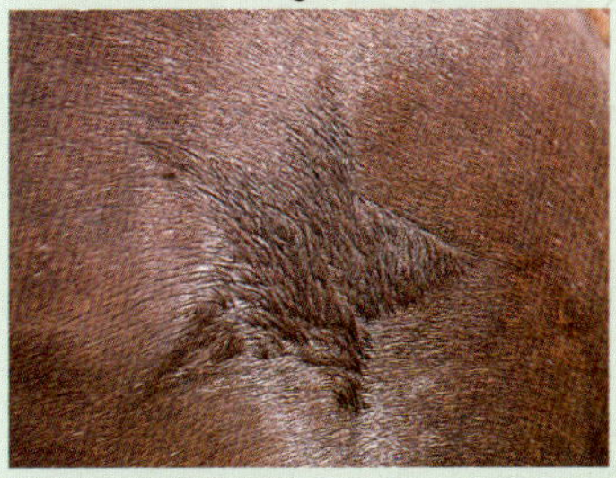

Mit etwas Fantasie werden dir viele Motive für Schablonen einfallen. Wie wäre es mit einer Blume – oder mit den Anfangsbuchstaben deines Namens?

Schaut her! ▶

Dieses Turnierpferd ist auf seinen Auftritt gut vorbereitet. Das Fell ist gestriegelt und glänzt, lange Haare in der Nase und in den Ohren sind entfernt, die geflochtene Mähne betont den eleganten Hals. Der Stirnriemen mit der Rosette ist ein hübscher Schmuck, den du leicht selbst machen kannst: Umwickle einfach einen ledernen Stirnriemen mit schmalem Samtband.

◀ Zottelig

Einige einheimische Pferde- und Ponyrassen sollen bei Turnieren ungeschoren, mit ungestutztem Schweif und voller Mähne vorgeführt werden. Erkundige dich lieber, ehe du zu Kamm und Schere greifst.

Gut gepflegt

Wichtig ist, dass du die Ausrüstung deines Pferdes sauber hältst, vor allem Sattel und Zaumzeug. Gut gepflegtes Leder sieht nicht nur besser aus, sondern ist stabiler und hält länger. Wenn Leder austrocknet, wird es brüchig. Und ist es feucht, kann es schimmeln oder verrotten. Sauberes, weiches und geschmeidiges Zaumzeug ist haltbarer, für das Pferd auch angenehmer zu tragen und für dich leichter anzulegen und einzustellen. Das Zaumzeug solltest du nach jedem Gebrauch reinigen.

Das Zaumzeug reinigen

1 Zerlege das Zaumzeug in seine Einzelteile und weiche das Gebiss in einem Eimer mit warmem Wasser ein.

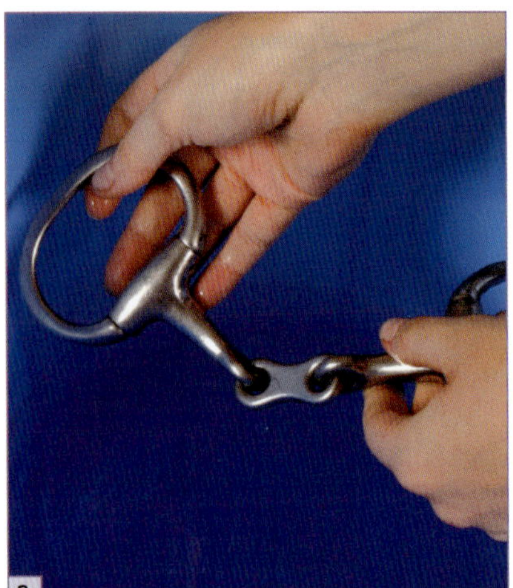

2 Schrubbe den Schmutz vom Gebiss gründlich ab, weil er sonst im Maul des Pferdes scheuern kann. Spüle alle Seifenreste sorgfältig ab.

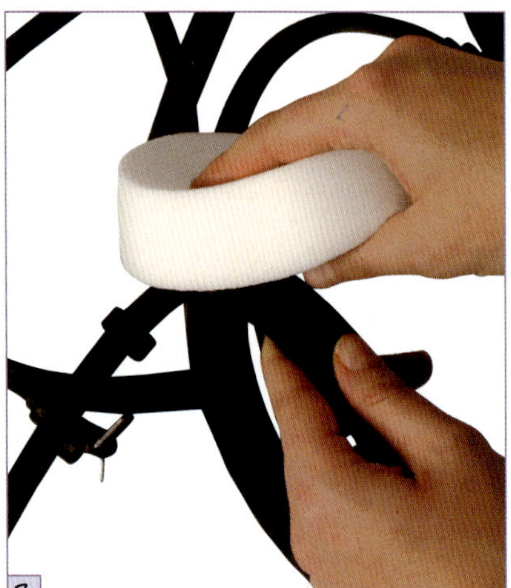

3 Wisch alle Lederteile mit einem feuchten Schwamm oder Lappen sauber. Kratze Krusten von Fett, Schmutz oder Schweiß mit dem Fingernagel oder einer Nagelbürste ab.

4 Trage mit einem sauberen Schwamm Sattelfett oder Lederfett auf alle Lederteile auf. Zum Schluss kannst du die Schnallen mit Metallpolitur auf Hochglanz bringen.

Den Sattel reinigen

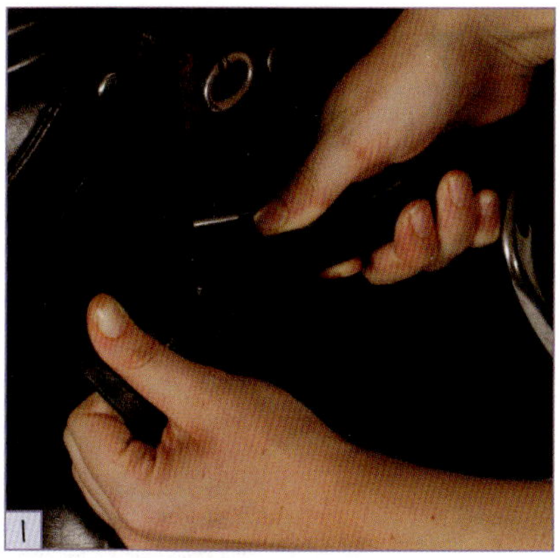

Nimm zuerst Steigbügelriemen und Stupfentasche ab. Löse die Steigbügeleisen aus den Steigbügelriemen.

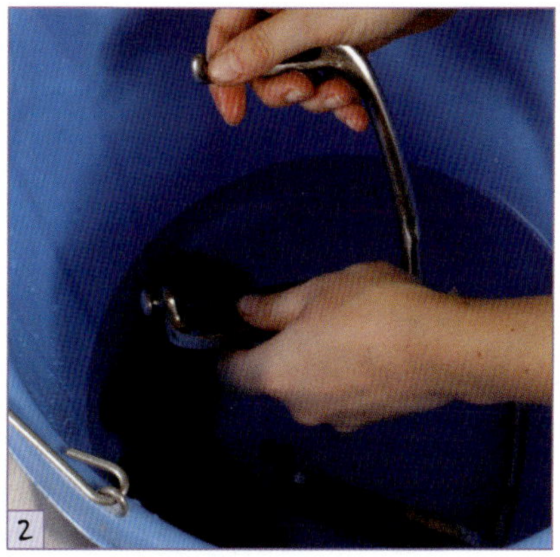

Weiche die Steigbügeleisen und die Gummis in einem Eimer mit warmem Wasser ein. Reinige sie gründlich mit Sattelseife und trockne sie ab.

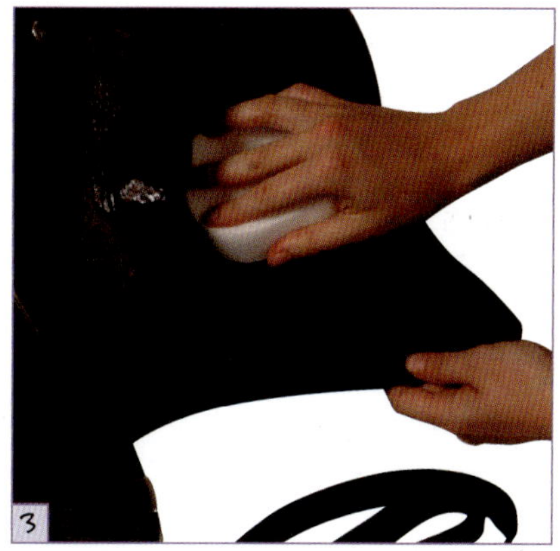

Alle Lederteile werden mit Sattelseife gereinigt, dann mit klarem Wasser gespült, abgetrocknet und zum Trocknen gelegt.

Später werden alle Lederteile mit Lederfett geölt. Nimm dir dabei Zeit, alle Nähte zu kontrollieren. Poliere die Steigbügeleisen und befestige die Steigbügel wieder am Sattel.

Wenn der Sattelgurt aus Leder ist, wird auch er gereinigt und gefettet. Besteht er aus Stoff, wird er gewaschen und muss vor der nächsten Benutzung gut trocknen. Kontrolliere auch hier alle Nähte.

Expertentipp

Wenn du nicht genug Zeit hast, das Zaumzeug komplett auseinander zu nehmen und gründlich zu putzen, fette es wenigstens ein und reinige es im Interesse des Pferdes sorgfältig. Gewöhne dir an, das Zaumzeug einmal in der Woche oder alle zwei Wochen gründlich zu säubern. Dabei kannst du es auch gleich auf Schäden oder Abnutzungserscheinungen kontrollieren.

Alles blitzsauber

Die Satteldecke lässt du gut trocknen, dann bürstest du sie gründlich mit einem Striegel ab. Sie sollte trotzdem regelmäßig von Hand oder in der Waschmaschine gewaschen werden.
Das Putzzeug solltest du von Zeit zu Zeit mit warmem Wasser und Pferdeshampoo auswaschen. Spül es gut aus und lass es trocknen, bevor du es wieder verpackst. Denk auch daran, den Kasten, in dem du es aufbewahrst, auszuwaschen und abzutrocknen.

Die Gamaschen werden täglich getrocknet und mit der Bürste von Schlamm, Schmutz und Sand befreit. Auch sie kann man normalerweise von Hand oder in der Maschine waschen.

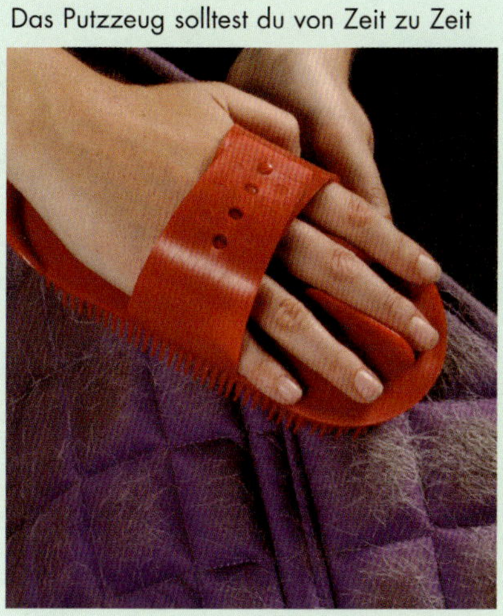

Das Pferd auf Reisen

Der Transport deines Pferdes zu Turnieren ist viel unkomplizierter, wenn er gut geplant ist. Organisiere alles Nötige am besten schon einen oder zwei Tage vor dem Transport. Wenn etwas fehlt oder kaputt ist, bleibt so noch genug Zeit, es zu reparieren oder zu besorgen. Am Morgen des großen Tages kannst du dich dann mit der Verschönerung des Pferdes beschäftigen, statt die Transportgamaschen zu suchen oder dich über einen beschädigten Wasserkanister zu ärgern.

✦ ACHTUNG! ✦

Wenn dein Pferd noch nie in einem Hänger oder Transporter gereist ist, solltest du beim ersten Verladen eine erfahrene Person um Hilfe bitten. Gewöhne dein Pferd frühzeitig ans Reisen, nicht erst am Tag des Turniers.

Reiseausstattung

Das Pferd sollte eine Pferdedecke tragen, die auf das Wetter abgestimmt ist und aus atmungsaktivem Material besteht. Schwitzt das Pferd unterwegs, kann die Feuchtigkeit entweichen und das Pferd bleibt warm und trocken.
Eine Schweifbandage und ein dickerer Schweifschützer sind sinnvoll, weil sich viele Pferde mit dem Hinterteil gegen die Wand des Hängers oder Transporters lehnen, wobei der Schweif zerdrückt wird. Willst du den Schweif ganz sauber halten, kannst du einen speziellen Beutel kaufen oder selbst machen – z.B. aus dem Bein einer alten, stabilen Strumpfhose. Schiebe die Schweifhaare in den Beutel und befestige ihn einfach oben mit der Schweifbandage.
Manche Pferde brauchen auch einen Genickschutz. Er schützt den empfindlichen Bereich zwischen den Ohren, falls das Pferd im Hänger in Panik gerät, den Kopf hochreißt und gegen das Dach schlägt.

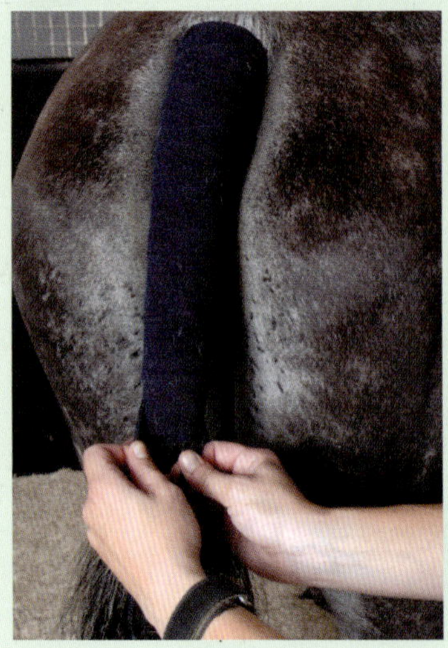

◀ **Beinkleider**

Das Pferd sollte an allen vier Beinen schützende Transportgamaschen tragen. Bei langen Fahrten solltest du unter den Gamaschen stützende Bandagen anlegen. Transportgamaschen bedecken das gesamte untere Bein, das Sprunggelenk und das Knie. Man kann zwar Stallbandagen mit zusätzlichen Gamaschen für Knie und Sprunggelenke kombinieren, doch Transportgamaschen sind schneller anzulegen und verursachen nicht so leicht Druckstellen oder Reibungsschäden.

▲ Bei der Ankunft

Gleich nach der Ankunft am Turniergelände sollte das Pferd ausgeladen werden, damit es sich die Beine vertreten kann. Ist es aufgeregt, lege ihm das Zaumzeug an. Biete ihm auch Wasser an und kontrolliere, ob es sich beim Transport vielleicht Schrammen oder andere kleine Verletzungen zugezogen hat.

Expertentipp

Wenn du häufig an Turnieren teilnimmst, solltest du überlegen, ob du dir nur für diesen Zweck bestimmte Utensilien wie Putzzeug, Bandagen und einige schöne Decken zusätzlich zulegst. Praktisch ist auch etwas, das du über der Turnierkleidung tragen kannst, damit sie bis zum letzten Moment geschützt ist.

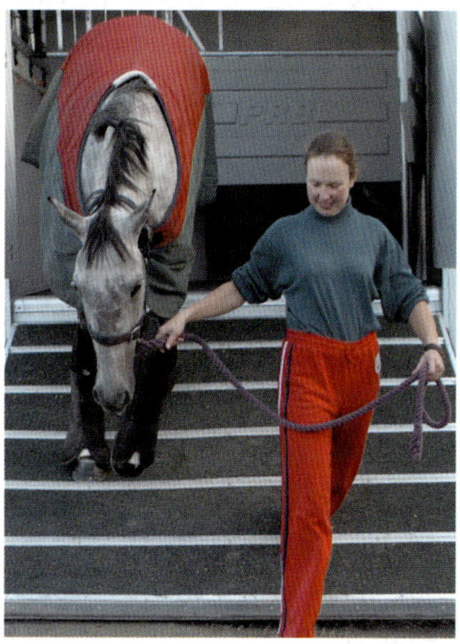

◀ Bitte aussteigen

Um ein aufgeregtes Pferd abzuladen, lege ihm zuerst das Zaumzeug an. Halte auf dem Weg über die Rampe reichlich Abstand zur Seite, denn manche Pferde gehen nicht vorsichtig hinab, sondern springen.

Das Reisegepäck

Stelle eine Liste mit allen Dingen zusammen, die du zu Turnieren mitnehmen musst. Bewahre Transport- und Turnierutensilien am gleichen Platz auf, um dir das Packen zu erleichtern.

- Ersatz-Pferdedecken, falls sich das Wetter ändert oder der Transport länger dauert.
- Aus den gleichen Gründen reichlich Futter und Heu.
- Ein großes Behältnis mit Wasser. Bei Transportern mit Wassertank muss vor der Abfahrt geprüft werden, ob er wirklich voll ist.
- Eimer, Shampoo, Schwämme, Schweißmesser und Handtücher.
- Erste-Hilfe-Ausrüstung für Pferde und Menschen.
- Zaumzeug und alle Ausrüstungsstücke, die du für das Turnier brauchst – plus einige in Reserve, falls etwas zu Bruch geht.
- Deine eigene Reitausstattung.
- Putzzeug und Flechtutensilien, falls du nach der Ankunft einige Zöpfe neu flechten musst.
- Straßenkarte, wichtige Telefonnummern, Handy, eventuell auch Zeitplan und Regeln für das Turnier.

Glossar

A

Aufhängeriemen Ein Riemen, der wie ein kleiner Bogen vorn am Sattel befestigt ist. Anfänger können sich an ihm festhalten (vor allem beim Springen) und sich beim Aufsteigen „in den Sattel hineinziehen".

Aufzäumen Das Anlegen von Zaumzeug, Bandagen oder Gamaschen und Sattel, um das Pferd zum Reiten vorzubereiten.

Ausmisten Das Säubern der Pferdebox im Stall.

Ausritt Ein Ritt im Gelände oder auf der Straße – im Unterschied zum Reiten auf dem Reitplatz oder in der Halle.

B

Bandagen Lange Streifen aus Stoff, die als Schutz und Stütze um den unteren Teil der Beine (von der Fessel bis zum Sprunggelenk) gewickelt werden. Trainingsbandagen bestehen aus elastischem Material, Stallbandagen aus weichem, nicht elastischem Stoff.

Beschlagen Das Anbringen von Hufeisen an den Hufen eines Pferdes.

Boots Löffelförmige, gepolsterte Schützer für den Fesselkopf.

D

Deckenschnitt Eine bestimmte Form des Scherens, bei der das Fell am Rücken und der Hinterhand stehen bleibt.

Dressurprüfung Eine Prüfung, bei der die Ausbildung des Pferdes beurteilt wird. Pferd und Reiter müssen verschiedene Übungen und Figuren im Schritt, Trab und Galopp ausführen, die mit Punkten auf einer Skala von 1 (nicht gelungen) bis 10 (sehr gut) oder in Prozenten bewertet werden.

F

Fellbürste Eine weiche Putzbürste für empfindliche Bereiche wie das Gesicht und den Bauch.

Fellwechsel Der Zeitraum im Frühling, in dem ein Pferd sein dickes Winterfell verliert.

Fessel Ein Teil des Pferdefußes, entspricht etwa dem „Knöchelgelenk".

Fliegendecke Eine leichte Pferdedecke aus dünnem Gittermaterial, die das Pferd vor Insektenstichen und -bissen schützt.

Fliegenschutzmaske Eine Haube aus feinem Gittermaterial, die die Augen des Pferdes vor Fliegen schützt.

Futterschaufel Eine Handschaufel zum genauen Abmessen der Kraftfutterportion.

G

Gamaschen Speziell geformte und gepolsterte Hüllen, die man um die unteren Beingelenke eines Pferdes legt, um sie zu schützen und zu stützen.

Gebiss Ein durchgehender oder geteilter („gebrochener") Stab aus Gummi oder Metall. An den Enden sind Ringe befestigt, an denen die Zügel angebracht werden. So kann der Reiter über die Zügel engen Kontakt zum Pferd halten (Zügelanlehnung) und es dirigieren.

Grauschimmel Ein Pferd mit grau-weiß geschecktem Fell.

Gummistriegel Ein Striegel aus Gummi (heute manchmal aus Plastik), den man zum Entfernen von grobem Schmutz aus dem Pferdefell und zum Säubern anderer Striegel verwendet.

H

Häcksel Getrocknetes, zerkleinertes Stroh, Heu oder Luzerne, das als Füll- und Faserstoff in der Pferdenahrung dient.

Halfter Ein vereinfachtes Zaumzeug, das man zum Führen und Halten des Pferdes benutzt.

Hanf Eine hohe Pflanze, deren Fasern zerkleinert und für saugfähige, gesunde Boxenstreu verwendet werden.

Hinterhand Der hintere Teil des Pferdekörpers, der hinter dem Sattel liegt, also Becken und Hinterbeine.

Hinterzwiesel Der hintere, erhöhte Teil eines Sattels.

Holländisches Warmblut Ein Sportpferd, das durch Kreuzung von Vollblutpferden und holländischen Kaltblütern entstanden ist.

Hornschuh Die knochenartige, harte Außenhülle des Hufes.

Hufglocken Glockenförmige Gamaschen, die um die Fessel gelegt werden und den Huf bedecken. Sie verhindern, dass sich das Pferd mit den Hinterbeinen selbst auf die Hufeisen der Vorderbeine tritt.

Hufkratzer Ein Werkzeug aus Metall, mit dem man Schmutz und Steinchen aus der Unterseite des Hufs entfernt.

Hufrehe Entzündung des empfindlichen Gewebes im Inneren des Hufes. Sie verursacht starke Schmerzen und führt zum Lahmen. Sie kann entstehen, wenn übergewichtige Pferde und Ponys zu viel Gras fressen.

Hufschmied Ein Handwerker, der Pferden Hufeisen anpasst. Er schneidet die Hufe in Form und nimmt auch Hufkorrekturen vor.

I

Impfung Ein Medikament (meist als Spritze), das vor einer ansteckenden Krankheit schützt.

Isabelle Ein Pferd mit hell beigefarbenem Fell.

J

Jodphur-Stiefel Knöchelhohe Reitstiefel.

K

Kardätsche Eine harte Putzbürste für den Hals und Rücken des Pferdes.

Kinnriemen Ein Riemen des Zaumzeugs, der das Kopfstück mit dem Gebiss verbindet. An ihm lässt sich die Größe des Zaumzeugs und damit auch die Höhe des Gebisses verstellen. Der Kinnriemen ist mit dem Nasenriemen durch einen Ring verbunden und wird um die Kinngrube unterhalb des Trensengebisses geschnallt. Er dient dazu, dass das Pferd sein Maul nicht aufsperren und sich auf dem Gebiss festbeißen kann.

Koppel Eine kleine, eingezäunte Fläche zum Grasen.

Kraftfutter Futtermischungen, die man fertig kaufen kann und die für Pferde verschiedener Beanspruchung die richtige Menge an Nährstoffen, Mineralien und Spurenelementen enthalten, um für eine gute Energieversorgung und einen gesunden Muskelaufbau zu sorgen.

Kreuzgurte Zwei Gurte zum Befestigen einer Pferdedecke, die unter dem Bauch des Pferdes über Kreuz verlaufen.

Krippe Ein speziell geformtes Gefäß, in das man das Futter für ein Pferd füllt.

L

Leckstein Ein gepresster Block aus Salzen und Mineralien, an dem das Pferd leckt, um diese wichtigen Nährstoffe zu sich zu nehmen.

Linke Seite Die linke Seite eines Pferdes (wenn man neben ihm steht und in die gleiche Richtung schaut). Von der linken Seite geschieht alles: Satteln, Trensen, Führen und Auf- und Absteigen.

Luzerne Pflanze mit hohem Faserstoff- und Proteingehalt, die getrocknet und zerkleinert als Pferdefutter verwendet wird.

M

Mähnenkamm Kleiner Kamm aus Kunststoff oder Metall, den man zum Ausdünnen von Mähne und Schweif benutzt.

Martingal Ein Hilfszügel, der ein Pferd daran hindert, den Kopf zu weit zu heben. Es gibt verschiedene Typen. Die meisten führen vom Sattelgurt zu den Zügeln oder zum Nasenriemen und werden von einem Halsriemen gehalten.

Mauke Eine Erkrankung, die vor allem im Winter auftritt und an Eiteransammlungen und Krusten an den Fesseln zu erkennen ist.

N

Neckreining (auch Einhandreiten) Eine besondere Art der Zügelhilfe, die beim Westernreiten üblich ist. Der Reiter hält beide Zügel in einer Hand und übt mit ihnen leichten Druck auf den Hals aus, um das Pferd zu dirigieren. Gleichzeitig setzt er sein Körpergewicht ein.

P

Panikhaken Ein Haken zum Anbinden des Pferdes, z.B. an der Stallwand. Gerät ein Pferd in Panik und ruckt heftig an dem Haken, öffnet er sich. Dadurch wird die Verletzungsgefahr für das Pferd selbst, für andere Tiere und Menschen im Stall verringert.

Pferdehänger Ein spezieller Anhänger für den Transport von Pferden.

Pflegespülung Ein Pflegeprodukt, das Mähne und Schweif weich macht und glättet, so dass es sich leichter entwirren, kämmen und flechten lässt.

Putzen Die Pflege des Pferdefells mit verschiedenen Striegeln und Bürsten, um Schmutz, Staub und Fett zu entfernen.

Putzhandschuh Ein Handschuh aus Schaffell oder Gummi, den man zum Glätten und Polieren des Fells oder zur Massage verwendet.

Putzzeug Ein Sortiment verschiedener Striegel, Bürsten, Kämme und Schwämme, die man zum Putzen des Pferdes braucht.

Q

Quarter marks Muster, die man zum Schmuck mit einem Kamm oder einer Bürste im Fell der Hinterhand des Pferdes anbringt.

R

Raspe Eine Erkrankung, die man an Entzündungen an der Haut der Sprunggelenksbeuge erkennt. Wird meist durch längeres Stehen oder Trainieren auf nassem, schlammigem Boden verursacht.

Raspeln der Zähne Das Entfernen scharfer Kanten an den Zähnen eines Pferdes mit einer Raspel oder Feile.

Reithosen Spezielle Hosen mit abgeflachten Nähten, schmalen Beinen und Verstärkungen aus Leder oder Kunstleder am Gesäß und den Innenseiten der Beine.

Reitkappe Eine Kappe aus einem stabilen Material, das bei einem Sturz den Kopf vor Verletzungen schützt. Bei manchen Reitdisziplinen werden auch Helme getragen (z.B. Vielseitigkeit, Gelände).

Reitletten „Stulpen" aus wasserfestem Material, die den Unterschenkel bedecken und über den Reitstiefeln oder Jodhpur-Stiefeln getragen werden. Chaps bedecken das ganze Bein und werden meist am Gürtel befestigt.

Reitstiefel Hohe Stiefel, die bis knapp unter das Knie reichen.

S

Salzsteine siehe Lecksteine

Sattel Der Ledersitz, auf dem der Reiter beim Reiten sitzt. Der Sattel wird mit dem Sattelgurt befestigt, der unter dem Bauch des Pferdes durchgezogen wird.

Sattelgurt Ein breiter Gurt aus Leder oder Gewebe, der kurz hinter dem Widerrist unter dem Bauch des Pferdes durchgezogen wird und dazu dient, den Sattel am Verrutschen zu hindern.

Sattelpad Eine spezielle Satteldecke, die beim Westernreiten verwendet wird und verhindert, dass der Sattel am Pferderücken reibt oder Druckstellen verursacht.

Sattelseife Eine weiche Glyzerinseife, die man zum Pflegen und Putzen von Leder benutzt.

Scherapparat Ein elektrisches Gerät (mit Netzstrom oder Batterie), das einem Bartschneider ähnelt und zum Scheren des Pferdefells benutzt wird.

Schulterfalten Eingenähte Falten oder Keile im Schulterbereich von Pferdedecken, die dem Pferd mehr Bewegungsfreiheit geben.

Schwanzwirbel Der knochige Teil des Pferdeschweifs.

Schweifbandage Eine Bandage, die man um den Schweif des Pferdes legt, damit er sauber und ordentlich bleibt.

Schweiflatz Eine Verlängerung am hinteren Ende der Pferdedecke, die den Schweifansatz warm hält und schützt.

Schweifschoner Eine Art Beutel, der den Schweif des Pferdes während eines Transportes schützt.

Schweißmesser Ein Schaber aus Kunststoff oder Metall, mit dem man nach dem Waschen das Wasser aus dem Fell des Pferdes drücken kann.

Sehne Starkes, faseriges Muskelgewebe, das die Verbindung zwischen einem Muskel und einem Knochen herstellt.

Sicherheitssteigbügel Steigbügel mit einer speziellen Sicherheitsvorrichtung (meist einem stabilen Gummiband), die sich öffnet, wenn der Reiter vom Pferd fällt. So wird verhindert, dass der Reiter beim Sturz mit dem Fuß im Steigbügel hängen bleibt und vom Pferd über den Boden geschleift wird. Auch Reitstiefel und Steigbügel in der richtigen Größe verringern diese Gefahr.

Sicherheitsweste (auch Protektor) Eine eng am Körper anliegende, gepolsterte Weste, die den Reiter im Fall eines Sturzes vor Verletzungen schützt. Bei manchen Gelände- und Vielseitigkeitsprüfungen vorgeschrieben.

Sommerekzem Eine Hautkrankheit, die vor allem bei Islandpferden auftritt und durch den Stich einer Mückenart ausgelöst wird.

Sprunggelenk Das Gelenk in der Mitte des sichtbaren Teils der Pferdebeine.

Spurenelemente Chemische Stoffe wie Eisen und Kupfer, die Menschen und Tiere zum Leben brauchen, jedoch nur in kleinen Mengen.

Stallbandagen Weiche, breite Bandagen, die über einem Bandagierkissen angelegt werden und den unteren Teil der Beine des Pferdes stützen und schützen. Sie reichen vom Sprunggelenk bis knapp oberhalb des Hufs.

Stalldecke Eine warme Pferdedecke für den Stall.

Stallgebühren Die Kosten, die entstehen, wenn man ein Pferd in einem Reitstall unterstellt und von den dortigen Beschäftigten versorgen lässt.

Steigbügelriemen Stabile Lederriemen, mit denen die Steigbügel am Sattel befestigt werden. Jeder Riemen hat eine Schnalle, so dass man seine Länge je nach Größe und Sitzhaltung des Reiters verstellen kann.

Stirnriemen Ein Riemen am Zaumzeug, der dafür sorgt, dass es gerade auf dem Kopf des Pferdes sitzt.

Stollengewinde Löcher im Hufeisen, die auf der Innenseite ein Gewinde zum Einschrauben der Stollen haben. Stollen geben einem Pferd auch auf nassem oder rutschigem Boden mehr Trittsicherheit.

Strahlschenkel Der fleischige, V-förmige Teil des Pferdehufs, der bei Druck des Hufes auf den Boden das Blut wieder zurück ins Bein pumpt.

Straßenstollen Kleine Metallstollen, die dem Pferd sicheren Tritt auf rutschigen Straßenbelägen geben. Sie werden in spezielle Löcher in den Hufeisen geschraubt.

Streifenschnitt Eine Form des Scherens, bei der nur am Bauch und der Halsunterseite Fell entfernt wird. Das Fell an der Halsoberseite, an Rücken und Hinterhand bleibt stehen.

T

Tetanus Eine lebensgefährliche Infektionskrankheit, gegen die Menschen und Pferde geimpft werden sollten.

Trainingsbandagen Elastische Bandagen, die die Fesselgelenke des Pferdes beim Reiten stützen und schützen. Sie werden über Bandagierkissen gewickelt und reichen von der Fessel bis zum Knie.

Transportgamaschen Dicke, gepolsterte Gamaschen, die die Beine eines Pferdes beim Transport schützen.

Trekking Bezeichnung für einen organisierten Ausritt im offenen Gelände.

Trockenfutter siehe Kraftfutter.

Turniersakko Eine spezielle Jacke, meist schwarz oder dunkelblau, die bei manchen Turnieren und Prüfungen vorgeschrieben ist.

U

Übergewicht Deutlich zu hohes Gewicht.

V

Vorderhand Der Teil eines Pferdes, der vor dem Sattelgurt liegt, also Widerrist, Schultern, Vorderbeine, Kopf und Brust.

W

Waschbürste Harte Bürste zum Schrubben des Pferdes beim Waschen.

Westernreiten Eine besondere Form des Reitens, die sich an den Stil der Cowboys und Rinderhirten Nordamerikas anlehnt. Ein Westernsattel ist besonders sicher und bequem, weil die Cowboys beim Hüten und Treiben der Rinderherden viele Stunden täglich auf dem Pferd verbrachten.

Widerrist Der Knochenvorsprung oberhalb der Schultern am Halsansatz eines Pferdes. Die Größe eines Pferdes (das Stockmaß) wird vom Boden bis zum Widerrist gemessen.

Wurmkur Ein Medikament, das schädliche Würmer im Inneren des Körpers abtötet.

Z

Zaumzeug Lederriemen, die am Gebiss befestigt werden und durch Nasenriemen, Kinnriemen, Kehlriemen und Stirnriemen verbunden sind. Der Kinnriemen verhindert, dass das Pferd das Maul so weit öffnet, dass das Gebiss herausfallen kann. Stirnriemen und Kehlriemen sorgen dafür, dass das Zaumzeug gerade auf dem Kopf des Pferdes sitzt.

Register

Danksagung

Danksagung der Autorin:
Ohne die großartige Unterstützung vieler Helfer – Menschen, Pferde und Ponys – hätte dieses Buch nicht entstehen können. Ihre begeisterte Mitarbeit ist der beste Beweis dafür, wie viel Freude es macht, zu reiten und ein Pferd zu besitzen.
Vielen Dank den Modellen: Jessica Garton, Harriet Lowe, Victoria Hoper, Matthew Hoper, Tom Macleod, Laura Dudfield, Eleanor Rudd, Kathryn Rudd, Susie Seymour, Helen Williams, Sophie Kurton, Rachel Ridley und Hannah Armitage.
Vielen Dank auch an Aubiose UK für die Bereitstellung des Transporters und der Einstreu, sowie an Miss WDM Mills für die Benutzung ihrer Pferde.

Danksagung des Herausgebers:
Studio Cactus dankt Debby Sly für ihre Professionalität, die auch angesichts enger Termine nicht ins Wanken geriet, Sharon Rudd für das Konzept, Clare Wallis für das Lektorat und Hilary Bird für das Register.

Bildnachweis:
Alle Fotos © Studio Cactus, ausgenommen:
Kit Houghton Photography: Seiten 4-5, 7 (oben), 8, 9 (untere Reihe), 10 (unten Mitte), 12, 13 (oben), 16-17, 20-21, 30, 31 (Mitte und unten Nr. 2), 36 (oben), 38 (unten).
Debby Sly: Seite 28 (oben).
Mauritius images / Bildagentur Mauritius GmbH: Cover